사실,
바쁘게 산다고
○○○ 해결되진 않아

사실,
바쁘게 산다고
○○○ 해결되진 않아

한중섭 지음

책들의정원

프롤로그

스리랑카 기차엔 있지만
KTX에는 없는 것

2018년 상반기는 내 인생에서 무척 특별한 시기로 남을 것이다. 나는 정신없이 바빴던 홍콩에서의 직장 생활을 정리하고 한국으로 돌아왔다. 멋진 커리어를 쌓아 금의 환향할 것이라는 주위의 기대에 부응하지 못하고 백수가 된 채로. 하지만 이 시기는 단연코 내 인생에서 가장 행복한 시기 중 하나로 기억될 것이다. 평소에 바빠서 하지 못했던 소소한 일들, 예를 들어 한산한 평일 오후에 미술관 가기, 대형서점에서 하루 종일 책 보기, 알람 꺼놓고 월요일에 늦잠 자기, 모교 놀러 가기, 죄책감 느끼지 않고 빈둥거리기 같은 것을 실컷 하며 여유를 만끽했기 때문이다.

직장인이라면 퇴사 후 가장 하고 싶은 버킷리스트 중 하나가 여행일 텐데 나 역시 마찬가지였다. 여행하면서 자신을 비워내는 것만큼 사회생활에서 쌓인 독을 빼기에 효과적인 것이 있을까. 퇴사 직후 나는 여러 휴양지를 여행하며 재충전의 시간을 가졌다. 그러던 중, 머리를 식히면서 다음 여행지를 물색하던 내게 한 장의 사진이 눈에 들어왔다. 울창한 녹음에 둘러싸인 기차와 고풍스러운 다리. 검색해보니 스리랑카였다. 이 곳은 세계에서 가장 아름다운 기차 여행지 중 하나로 꼽힌다고 한다. 이것저 것 찾아보니 스리랑카 기차 여행의 백미는 자연 경관과 '느림'이라는 설명이 나왔다. 세계 2위의 홍차 생산 국가다운 광활한 차밭과 꼬불꼬불 철로를 따라 느리게 운행되는 기차는 스리랑카 여행을 특별하게 만든다고 한다. 나는 이 기차 사진에 끌려 스리랑카로 향했다.

마침내 스리랑카에 도착해 고대하던 기차를 탔다. 최대 시속 300킬로미터가 넘고 빠른 인터넷을 제공하는 KTX에 익숙해진 내게 시속 50킬로미터도 되지 않고 와이파이마저 작동하지 않는 스리랑카 기차를 탄 것은 신선한 경험이었다. 느릿느릿 움직이는 기차 안에서 나는 스마트폰을 보는 대신 오감을 온전히 활용해 주변을 관찰했다. 창밖으로 떨어지던 은색의 빗방울, 싱그러운 풀내음, 덜컹거리던 기차 소리, 잡상인이 팔던 싸구려 간식, 옆에 앉은 현지인들과 몸을 부대낀 채 나누던 대화. 그것은 분명 내가 KTX를 탈 때는 발견할 수 없었던 종류의 행복이었다.

10시간 넘게 기차를 타면서 나는 경주마처럼 살아온 지난날을 떠올렸다. 입시, 취업 등 온갖 목표를 달성하기 위해, 언제나 바쁨을 등에 짊어지고 살았던 나. 그리고 바쁘다는 핑계로 내가 무심코 지나친, 혹은 상실한 것들. 중요한 무언가를 빠뜨리고 살아온 기분이 들어 마음이 울적해졌다. 나는 무엇을 위해 그렇게 바쁘게 살았던 것일까. 결국 한 번 사는 인생인데.

한편, 영화 〈리틀 포레스트〉는 도시생활을 뒤로하고 고향에 내려온 20대 청춘들의 이야기다. 여주인공 혜원은 임용고시에 낙방하고, 연애도 뜻대로 되지 않아 고향으로 도망치듯 내려온다. 그녀의 친구 재하는 서울에서 직장을 다니다가 주체적으로 자신만의 인생을 살고 싶어 퇴사하고 고향에 내려와 농사를 짓는다. 불안한 상황에 심란해하는 혜원에게 재하가 무심코 건넨 말이 있다. "그렇게 바쁘게 산다고 문제가 해결이 돼?"였는데, 이 대사는 특히 관객들의 공감을 이끌어낸다. 그렇다. 우리는 혜원처럼 막연한 불안감을 해소하고자 기계적으로 바쁘게 사는 경향이 있다. 하지만 대개의 경우 바쁨이 성공을 보장하지는 않는다. 내가 이 책을 통해 분명히 강조하고 싶은 말도 "사실, 바쁘게 산다고 문제가 해결되진 않아"다.

인생이란 기차여행 같은 것이 아닐까. 우리는 매일 기차에 탑승한다. 기차는 어제와 오늘 그리고 내일의 역에서 승하차를 반복하고, 역들 간의 구분이 희미해지며 열차 밖 풍경이 단조로워질 때쯤, 언젠가 죽음의 종착역에서 멈출 것이다. 잘 사는 인생이란 매일 아침 내리는 오늘의 역에서 일상의 행복을 발견하고 환희를 경험하며 충만한 감정을 느끼는 것일 테다. 하지만 바쁨은 열차에 가속을 붙이고 질주하게 만든다. 열차는 죽음을 향해 빠르게 달리고, 그 과정에서 지나간 소중한 것들은 다시는 돌아오지 않는다. 따라서 존재의 상실을 부추기는 바쁨은 본디 자살과 같다.

이 책은 바쁨을 짊어지고 사는 현대인을 위한 글이다. 무엇이 현대인을 이토록 바쁘게 하는가. 바쁨은 어떻게 탄생했고, 왜 강제적 속성을 지니는가. 4차 산업혁명 시

대에 바쁨의 미래는 무엇이며, 우리는 무엇을 잃고 있는
가. 우리가 취할 수 있는 방안은 무엇일까. '한국적 바쁨'
은 무엇인가.

특히나 강조하는 것은, 21세기는 바쁨의 역사에서 무
척 특별한 변곡점으로 기록될 것이라는 점이다. 특이점
_(인공지능을 비롯한 과학기술이 발전해 인류가 극적인 변화를 겪게 되는 가설적 순간)이
도래하면, 바쁨을 박탈당할 잉여 인간이 대거 출몰하고
평범한 사람들은 전례 없는 수준으로 가속화된 삶을 살
게 될 것이다. 이처럼 거대한 변화의 소용돌이를 앞둔 우
리에게 필요한 거의 모든 것을 이 책에 담으려 했다. 이
책이 바쁘게 사는 사람들에게 도움이 되기를 진심으로
바란다.

2018년 여름

한중섭

차례

1부

바쁨의

지배

1

현재를 사는 원시인,
미래를 사는
현대인

어차피 내일이면 완전히 새로운 하루가
시작되기에 원시인들은 미래를 격정하지도,
게으름에 대한 죄책감을 느끼지도 않는다.

바쁨은 도대체 언제부터 생긴 것일까? 바쁨이 태초부터 존재했던 것은 아니다. 인류의 역사를 돌이켜보면, 바쁨이 탄생한 것은 아주 최근의 일임에도 불구하고 우리는 이것을 당연하게 받아들이는 경향이 있다. 바쁨이 어떻게 시작되고 변했는지 이해를 돕기 위해 구석기 시대 한반도에 살았던 어느 원시인과 그의 먼 후손인 21세기 현대인, 두 사람의 하루를 비교해보자.

　동굴에 빛이 조금씩 들어온다. 잠에서 깨보니 아이들은 일찌감치 일어나 잡담을 나누며 장난을 치고 있다. '오늘은 사냥에 성공할 수 있을까.' 말라비틀어진 과육을 씹으면서 기필코 듬직한 들소를 잡으리라 전의를 불태운다. 고기를 못 먹은 지 벌써 삼 일째다. 삼삼오오 남자들이 짝을 지어 동굴 밖으로 나간다. 이들의 손에는 날카롭게 깎은 돌도끼가 들려 있다. 뜨거운 태양을 피해 여자들은 그늘을 따라 동굴 근처 나무에서 분주히 과일을 딴다. 아이들은 불쏘시개로 동굴에 낙서를 한다.

해가 질 무렵, 동굴 주위가 부산하다. 아이들이 환호성을 지른다. X를 비롯한 남자들은 늠름하게 노루 세 마리를 막대에 묶어 동굴로 들어온다. 들소는 아니지만 이 정도면 훌륭한 만찬이다. 게걸스럽게 노루 고기를 먹어 치운 후, X는 모닥불 앞에 쭈그려 앉아 불을 쬐며 낮에 노루를 사냥할 때 마주쳤던 늑대를 떠올린다. 다른 남자들과 같이 있었기에 망정이지 만약 혼자였다면 영락없이 늑대 밥이 됐을 거라는 생각에 등골이 서늘하다. 천천히 불을 쬐고 있으니 긴장이 풀리고 불안한 마음이 없어진다. 안전한 동굴 속, 더 이상 생명을 위협하는 맹수는 없다. 아이들은 아까부터 열심히 불쏘시개로 동굴 벽에 무언가를 그리고 있다. X는 동굴 밖 별을 보며 서서히 잠에 든다.

내일을 기약할 수 없는 원시인의 삶은 현재 지향적이다. 그의 관심은 오로지 의식주와 관련된 단순한 생리적 욕구를 충족하는 데 쏠려 있다. 이번에는 현대인의 삶을 알아보자.

따르릉, 6시. 핸드폰 알람이 울리며 주식 중개인 Y 씨는 잠에서 깬다. 일어나자마자 반사적으로 TV 리모컨 버튼을 누르고 우적우적 시리얼을 먹는다. 화면 속 흘러나오는 지난밤 미국 증시, 연준(연방준비은행)의 금리 코멘트에 관한 뉴스를 듣는 둥 마는 둥 하며 스마트폰을 쥐고 메일을 체크한다. 집 근처 역에 회사 방향 지하철이 도착하는 시간은 6시 42분. 늦지 않기 위해 부랴부랴 샤워를 끝내고 집을 나선다. 지하철 안에서 스마트폰에 시선을 고정한 채 쉴 새 없이 간밤에 일어난 뉴스를 확인하다가 문득 고개를 스윽 들어본다. 이른 아침 지하철로 출근하는 사람들의 모습은 크게 다르지 않다. 자거나, 화장하거나 스마트폰 보거나.

회사에 도착해서 아침 회의를 마치고, 근처 카페에서 커피를 테이크아웃한다. 애널리스트가 쓴 보고서를 빠르게 요약해서 9시 장 시작 전 손님들에게 보낸다. '후우'하고 한숨 돌리려던 차에 쉴 틈도 없이 전화가 울린다. 최저 임금과 법인세 인상이 한국 기업들의 이익에 미치는 영향에 대해서 문의하는 고객의 요청을 듣고, 오후까지 답을 보내주겠다고 하며 전화를 끊는다. 급하게 애널리스트에게 전화해서 의견을 물어보고 자료를 정리하다 보니 벌써 12시, 점심시간이다. 주식 중개인의 점심은 늘 배달 도시락이다. 오늘의 메뉴는 햄

버거. 밥을 먹으면서도 메신저로 끊임없이 경쟁사 중
개인들과 정보를 교환하고 주식시장에 대해서 이야기
한다.

여기저기 바쁘게 전화를 돌리고 나니 어느새 장이
마감했다. 이제는 손님들을 만나러 갈 시간이다. 이따
가 5시에 A기관 매니저를 만나고, 저녁 7시에는 신생
운용사인 B기관 CIO(*Chief Investment Officer*, 최고투자책임자)와
저녁을 하기로 했다. 첫 번째 미팅을 끝내고 저녁 약속
을 가는 도중에 집사람에게서 전화가 왔다. 4차 산업혁
명 인재 육성반이라고 요즘 인기 있는 코딩 학원이 있
는데, 아들 녀석 교육비가 더 들어갈 것 같다고 하는 것
이다. '이런 중요한 때에 하필!' 화를 참아가며 그런 일
은 알아서 하라고 신경질적으로 전화를 끊어버렸다.
'가만 보니 아이 교육비에 들어가는 돈만 월 백만 원이
넘네. 집 대출금 갚을 것도 아직 한참인데. 이번에 보너
스 잘 안 나오면 큰일 나겠군'이라고 생각하던 중, Y는

이미 도착한 B를 발견한다. 의식적으로 얼굴 근육을 써가며 가까스로 웃음을 짓고 B에게 늦었다며 넉살을 부리고는 술을 권한다. 저녁이 끝나고 2차가 이어진 후 밤 11시경 B를 택시에 태워 보낸 뒤, Y는 담배를 한 대 피운다. 하루 중 그가 느끼는 얼마 되지 않은 여유로운 순간이다. 그 무엇으로부터 방해받지 않고 쫓기지 않는 이 해방감.

집에 가는 택시 안에서 스마트폰을 보다가 문득 캘린더에 저장된 토요일 골프 약속이 눈에 들어온다. '젠장, 이번 주말에는 가족끼리 바다 놀러 가기로 약속했는데. 다음으로 미뤄야겠네.' 그렇게 보게 된 캘린더에서 내일, 이번 주, 이번 달, 이번 분기, 이번 해에 할 일 목록을 보니 그는 속에서부터 화가 솟는다. "왜 나는 늘 바쁘고 시간이 없는 거지!" 그래도 벌써 목요일인 것에 위안을 삼으며 내일만 버티고 일요일은 하루 종일 잠만 자야겠다고 다짐하고는 택시에서 곯아떨어진다.

X와 Y 두 사람의 이야기가 시사하는 바는 무엇일까. 시간의 총량, 즉 하루 24시간이라는 절대적인 기준에는 변화가 없음에도 불구하고 구석기 시대 원시인에 비해서 현대인이 살아가는 삶의 박자는 너무나 빠르고 가속화되어 있다. 바쁨의 관점에서 봤을 때, 원시인 X의 삶은 정글 속 노루의 삶과 크게 다를 바 없다. 정글 속 노루는 늘 포식자의 위협에서 자유롭지 않고 먹이를 찾아야 하기 때문에, 하루하루가 생존과 직결된다. 하지만 노루의 삶에는 여백이 있다. 자신을 위협하는 적을 만나면 숨 가쁘게 달려서 피하고, 뛰다가 지쳐서 힘들면 개울에서 목을 축이면 그만이다. (만약 적을 따돌리고 아직 살아 있다면) 노루가 더 많은 식량을 축적하기 위해 과도하게 풀을 뜯어 숲의 생태계를 파괴하는 장면을 본 적이 있는가? 노루는 끼니때마다 자신이 필요한 수준의 풀을 섭취하고 맹수의 위협이 없었다면 그것으로 만족하며 하루를 보내는 셈이다.

　짐작건대 노루의 하루에서 잠자는 시간 및 적의 위협

에서 달아나는 시간을 제하면, 노루는 남은 대부분의 시간을 여유롭게 거닐면서 보낼 것이다. 원시인 X도 노루와 마찬가지로 생리적 욕구만 충족되면 여백이 가득한 삶을 산다. X의 유일한 걱정은 생존과 직결된 원초적인 문제뿐이다. 그는 수시로 스마트폰을 체크하지도, 갚아야 할 대출금이나 자식 교육에 대한 걱정을 할 필요도 없다. X는 맹수의 위협에서 벗어나거나 채집, 사냥 등으로 식량을 구하는 것에서 일시적인 바쁨을 경험한 뒤 생존에 대한 욕구가 충족되고 나면 바쁨의 지배에서 벗어난다.

반면 주식 중개인 Y는 바쁨의 지배에서 자유롭지 않다. 잠자는 시간을 제외한 나머지 시간에 Y는 항상 무언가를 하고 있으며, X와는 달리 바쁨은 그의 삶에 만성적이다. 물론 앞서 묘사한 주식 중개인의 삶이 평범한 직장인의 삶보다 좀 더 숨 가쁜 것이 사실이지만, 대부분의 현대인은 Y처럼 늘 시간에 쫓긴다. 바쁘지 않고 다소 한가하게 시간을 보내고 있으면 시간을 낭비한다는 생각에 죄책감을 느낀다. 자학적일 정도로 자신의 삶을 가속화시키며 '쉬고 싶다'를 입에 달고 살지만 바쁨의 지배에서 벗어나지 못하는 사람들을 우리는 흔히 만난다. 놀라운 사실은 항상 바쁘게 사는 사람들 중 상당수가 스스로 자처하며 바쁨을 자신의 삶으로 끌어들인다는 점이다.

현대인은
현재가 아닌 미래를 살고 있다

시간의 절대 총량이 변하지 않았는데 왜 원시인과 현대인의 하루는 이렇게 차이 나는 것일까? 왜 원시인의 바쁨은 일시적인 반면, 현대인의 바쁨은 만성적인 것일까? 원시인과 현대인이 가진 바쁨의 성질이 다른 가장 큰 이유는 그들이 가지고 있는 '시간관'에서 비롯된다. 원시인의 시간관은 현재에 고정되어 있으며, 이들의 시간은 매일 같은 궤도를 회전하는 시곗바늘과 같은 형태다. 마치

시곗바늘이 1부터 12를 두 번 거쳐 다시 12에 시침이 맞
춰질 때 새로운 하루가 시작되듯, 원시인의 삶도 낮과 밤
을 반복하며 매일 아침 새롭게 시작된다. 원시인은 자신
의 생존이 불투명하기 때문에 미래를 딱히 걱정하지 않
고 매일 원초적인 욕구에 충실하며 하루를 사는 것이다.
따라서 현재에 초점을 맞춰 사는 원시인들에게 계획을
세우거나 미래를 설계하는 일은 무의미하다. 원시인들은
약간의 바쁨을 통해 생리적 욕구를 해결하면 나머지 시
간은 바쁨의 지배에서 자유로울 수 있다. 하루 종일 빈둥
거리고 자연을 감상하고 때때로 동굴에 벽화를 그려도,
어차피 내일이면 완전히 새로운 하루가 시작되기에 원시
인들은 미래를 걱정하지도, 게으름에 대한 죄책감을 느
끼지도 않는다.

　반면 현대인의 시간관은 미래에 치우쳐 있다. 우리가
현재 하는 상당수의 바쁜 일은 대부분 미래를 위한 투자
며 이를 위해 기꺼이 바쁨의 지배를 받아들인다. 어릴 때

분주하게 공부하는 주된 이유는 미래에 좋은 고등교육기
관으로 진학해서 우수한 직업을 가지기 위함이다. 경제
활동을 하는 사회인이 바쁘게 일하고 자기 계발하는 것
은 불안정한 미래를 대비해 경쟁에서 밀리지 않고 충분
한 부를 쌓기 위한 투자다. 즉 '지금 바쁘게 살면서 뭔가
를 열심히 해야 미래에 보상받을 수 있어'라는 생각이 현
대인의 머릿속에 지배적이며, 이러한 의식은 우리가 자
발적으로 바쁨을 삶으로 끌어들이게끔 유도한다.

　특히나 경제적 불안감 및 부의 축적에 대한 욕구는 현
대인이 미래지향적인 시간관을 가지고 바쁨의 지배에서
벗어나지 못하게 하는 강력한 동인으로 작용한다. 사과
를 따먹고 배를 채운 후 유유자적하게 숲 속을 거니는 게
으른 원시인을 본 현대인은 아마 이런 말을 할 것이다.
"지금 천지에 널린 것이 사과나무인데 한가롭게 빈둥거
릴 시간이 어디 있소? 나라면 누가 가로채기 전에 주변에
있는 사과를 바짝 모아 나중에 팔고 부자가 돼서 한가롭

게 여유를 즐기며 노년을 보낼 텐데." 원시인은 현대인을 이해할 수 없다며 이렇게 말할 것이다. "나는 이미 충분히 여유를 만끽하고 있습니다."

또한 현대인의 시간관은 마라톤 트랙처럼 길게 늘어진 직선의 개념이다. 현대인은 원시인에 비해 맹수에 잡아먹히거나 식량을 구하지 못해서 죽을 확률이 훨씬 낮다. 이처럼 삶을 꾸준히 지속할 수 있기 때문에 원시인과는 달리 미래 설계 및 계획이 가능하며 이는 바쁨의 만성화를 야기한다. 사회적 지위나 부 같은 것을 얻기 위해, 혹은 잃지 않기 위해 불안을 느끼며 어딘가 있을 결승 지점을 향해 바쁘게 달린다. 하지만 보통 이러한 경주는 평생 끝나지 않는다. 과도하게 미래에 치우쳐 계획만 세우고 바쁘게 살다가는 어느새 허무하게 삶이 끝나버릴 수 있는데도 불구하고 많은 현대인들은 이 점을 간과한다.

매일 생존의 위협에 시달리며 하루를 새롭게 시작하는 원시인과는 달리 기대 수명이 긴 현대인은, 특히나 젊어서 앞으로 살아갈 날이 많은 경우에는 자신의 노력과 성취 여하에 따라 인생이 바뀐다는 것을 알고 있다. 따라서 현대인은 자신의 인생에 보다 긴 안목을 가지고 미래에 투자한다는 생각으로 기꺼이 바쁨의 지배를 받으며 자신의 삶을 가속화시킨다. 만약 한 달 뒤에 소행성이 충돌해서 지구가 멸망한다고 가정해보자. 며칠만 지나면 꼼짝없이 죽을 운명인 것을 알았을 때 몇 명이나 지금처럼 사회적 지위 및 부를 얻기 위해 발버둥 치겠는가. 삶의 유한함을 깨달은 순간, 보통의 사람들은 남은 시간을 자신이 사랑하는 사람들과 좋아하는 일을 하면서 보내려 할 것이다. 이런 삶은 바쁨의 지배를 용인하지 않는다.

#2

'뺄셈'의
여가에서
'덧셈'의 여가로

———————

여가의 본래 형태는 뺄셈이다. 일상에서 쌓인 피로나
번뇌를 비워내고 자유로워지는 것. 때때로 산책을 하거나
사색을 하고 색다른 경험을 하며 자신을 일상에서 격리시키는 것.

하지만 현대의 여가는 덧셈의 형태다.

휴가를 뜻하는 프랑스어 'vacances'와 영어 'vacation'은 해
방, 자유, 텅 비워냄 등을 의미하는 라틴어 'vacātio'에서
유래했다. 여가를 의미하는 영어 'leisure'도 자유로워진다
는 의미를 가진 라틴어 'licere'와 연관이 있다. 한국어에
서 여가는 '餘(남을 여)'와 '暇(틈 가)' 두 한자가 합쳐진 단어다.
즉, 여가는 단조로운 일상과 고단한 생업의 의무에서 벗
어나 남는 틈 속에서 자유를 만끽하는 여백의 시간이다.
여가는 바쁨의 지배에서 벗어나 기력을 충전하며 차분
히 자신을 돌아볼 수 있게 하며, 인간이 지속 가능한 삶을
영위하는 데 필수적이다. 로마 시인 오비디우스*Ovidius*가
"여가는 어떤 사람인지를 드러낸다"라고 말했을 정도로,

여가는 사람의 생生을 함축적으로 보여준다.

자유로운 시민의
특권이었던 여가

원시 시대의 여가는 하루하루 생리적 욕구를 충족시키며 힘겨운 생존을 완수한 후에야 주어지는 것이었다. 따라서 여가의 형태도 다양하지 않았고, 속성도 일회성이 컸다. 당시 원시인들은 사냥을 마친 후 멍하니 동굴 밖을 바라보거나, 돌을 깎거나, 동굴에 벽화를 그리는 것 정도가 여가의 전부였을 것이다. 원시인들은 시간을 정하고 노동을 하는 것이 아니었기 때문에 생존에 필요한 활동 및 잠을 자는 시간을 제외하고 나머지는 모두 자유 시간이었지만 여가의 형태는 굉장히 제한적이었다.

고대 그리스 시대의 여가는 자유로운 시민들만 누릴 수 있는 특권이었다. 노예들이 노동을 하는 사이 시민들은 철학, 미술, 종교, 그리고 축제를 향유했다. 아리스토 텔레스Aristoteles는 여가가 인간 삶의 궁극적 지향점이기에 일은 여가를 위한 수단일 뿐이라고 설파했다. 그는 심지 어 여가를 제대로 사용하는 능력은 인간 생활에 기초가 되므로 시민들에게 적절한 여가 사용법을 훈련시키지 않 는 정치가는 비난받아야 한다고 주장했다.

로마 시대의 여가도 그리스와 비슷했다. 풍부한 노예 들의 노동력을 바탕으로 로마 시민들은 한 해에 200일간 의 휴일을 즐겼다. 로마 여가에는 특징이 있다. 시민들의 잠재적 폭동이나 불만을 억누르기 위해 국가 차원에서 적극적으로 유흥 시설을 제공했다는 점이다. 이때 여가 는 사람들이 능동적으로 참여하는 행태가 아니라, 주로 수동적으로 소비하는 방식으로 이루어졌다. 로마 시민들 은 투기장에서 검투사와 맹수의 격투를 관람하고, 극장 에 모여 연극을 보고, 호화로운 대중목욕탕에서 목욕을 즐기는 등 쾌락적인 여가 활동을 즐겼다.

일하지 않는 자
먹지도 말라

중세 시대에 접어들며 여가의 암흑기가 도래한다. 향락적인 여가를 즐긴 로마 제국이 저물고 금욕을 강조하는 가톨릭이 확산되면서 사람들은 애써 여가를 지양하도록 어릴 때부터 훈육받는다. 종교는 인간이 게으름을 피우고 유희를 즐기는 것에 죄의식을 느껴야 한다며 금욕을 강요했다. 내세를 위해 신을 숭배하고 종교적 규율을 따를 것을 중요시하는 사회적 분위기 속에서 여유나 게으름은 악惡으로 치부됐고 여가는 점차 설 자리를 잃어갔다.

그러다가 르네상스가 도래하며 여가는 다시 부흥기를 맞는다. 예술은 종교적 규율에 억눌러 있던 유희를 향한 인간의 본성을 깨웠다. 인쇄술의 발달 덕분에 책이 대중화됐고, 귀족과 왕족의 지원으로 오페라와 미술, 문학, 발

레 같은 예술 활동이 권장됐다. 특히나 로마 시대에 벌어
진 향락 위주의 여가와는 달리, 르네상스 시대의 여가는
교양 증진의 수단으로써 향유됐다. 이 시기 예술가들은
풍부한 여가를 만끽하며 수많은 불후의 명작을 남겼다.

　하지만 종교개혁이 촉발되고 노동을 신성시하는 프로
테스탄트 윤리가 확산되며 다시 여가를 죄악시하는 사회
적 분위기가 형성된다. "일하지 않는 자 먹지도 말라"라
는 다소 섬뜩한 말이 버젓이 성경에 있을 정도로 종교인
들은 근면과 성실을 강조했다. 이들의 논리에 따르면 인
간이 열심히 사는 것은 소명이요, 이렇게 해야 내세에 신
을 향해 좀 더 가까이 다가갈 수 있으니 게으름은 악마라
는 것이다. 마틴 루터 킹*Martin Luther King Jr.*은 다음과 같이
말하며 가급적 여가를 적게 보내고 많이 일할 것을 대중
에게 주문했다.

　　"빈둥거리며 지내는 것은 신체와 생명을 망친다. 새

가 날기 위해 태어난 것처럼 인간은 노동을 위해 태어
났다."

근대 산업 혁명을 거치고 자본주의가 확산되면서 순수
한 의미의 여가는 종말을 맞이한다. 자본가들이 임금 노
동자들에게 장시간 일할 것을 강요하며 여가는 다시금
상류층들만 누릴 수 있는 특권이 됐다. 도시로 모인 평범
한 노동자들은 여가를 누릴 절대적인 시간이 부족했고,
잠시나마 갖는 여가도 다시금 일하기 위해 체력을 보충
하는 수단으로 전락했다. 게다가 사유 재산의 축적이라
는 강력한 경제적 동기는 사람들이 한가롭게 여가를 즐
기는 대신 좀 더 생산성 높고 성과 있는 일을 하도록 부추
겼다. 사람들은 자발적으로 여가와 멀어졌다.

20세기 초 월트 디즈니*Walt Disney*가 만든 만화 〈개미와
베짱이*The Grasshopper and the Ants*〉에서 근면하게 일하는 개
미는 선善으로, 게으르게 여가를 즐기는 베짱이는 악惡으

로 묘사된다. 이는 당시 미국인들이 가졌던 프로테스탄트 윤리를 잘 보여준다. 이렇듯 서구권에서 비롯된 노동을 중시하고 여가를 죄악시하는 삶의 태도는 제국주의를 거치며 열강의 식민 지배를 받은 동양권에도 급속히 전파됐다. 강대국들은 식민 지배를 정당화하기 위해 약소국 시민들의 민족성을 폄하하며 게으름을 말소시키려 했다.

누가 더 멋진 여가를 보내는지조차 경쟁하는 시대

자본주의 및 세계화가 성숙 단계에 진입하고 기술이 발전하면서 여가는 20세기 들어 다시 부흥기를 맞은 것처럼 보인다. 중산층의 출현으로 사람들은 경제적 여유를 가지게 되었고, 자동차와 세탁기, 전구 같은 발명품들은 인류가 여가를 즐길 수 있는 시간을 획기적으로 늘려주었다. 게다가 대중 매체 및 인터넷, 스마트폰의 보급으

로 별다른 돈이나 노력을 들이지 않고도 여가를 즐길 수
단이 무궁무진하게 많아졌다. 하루 종일, 며칠을 방에 틀
어박혀 TV를 보거나 스마트폰을 보면서 누구나 여가를
향유할 수 있는 시대가 온 것이다.

하지만 시대적 배경에 따라 달라진 여가의 행태는 오
늘날 '비워냄'이라는 본래의 의미를 완전히 상실한 듯하
다. 여가의 본래 형태는 뺄셈이다. 일상에서 쌓인 피로나
번뇌를 비워내고 자유로워지는 것. 때때로 산책을 하거
나 사색을 하고 색다른 경험을 하며 자신을 일상에서 격
리시키는 것. 하지만 현대의 여가는 덧셈의 형태다. 일상
과 완전한 단절이 어렵기 때문에 현대인은 여가를 '다음
해야 할 일을 위한 준비 태세'처럼 대한다. 현대인에게 여
가는 노동과 소비의 연장선이다. 현대사회에서 여가는
'일상에서 벗어나 자유를 만끽하는 여백의 시간'이라는
본래적 기능을 잃어버렸다.

현대인은 여행을 가고, 드라마를 보고, 스포츠를 배우

는 등의 활동을 향유하면서도 다가올 일에 대해 부담을 느끼고 때때로 휴식 시간을 즐기는 것에 죄의식마저 느낀다. 회사 밖에서도 분주히 이메일을 체크하고, 스마트폰으로 인해 상사 혹은 고객에게 24시간 종속되어 있다는 느낌에서 자유롭지 않다. 혹은 더 나은 성과를 내기 위해 부단히 자기 계발을 하는 주위 사람들을 바라보며 나만 이렇게 여유를 즐겨도 되는 것인지 불안을 느끼기도 한다.

한편 여가는 일종의 '기호에 대한 경쟁'처럼 변질되어 버린 경향이 있다. 자신이 얼마나 많은 나라를 여행하고, 근사한 맛집을 가고, 꾸준한 운동으로 자기 관리에 철저하고, 얼마나 고상하고 값비싼 상류의 취미 활동을 하는지 낱낱이 SNS에 올리며, 그러한 여가를 즐기지 않는 (혹은 못하는) 타인과 자신을 구분 지으려는 사람들이 많다. 이런 부류의 사람들은 타인의 시선을 끊임없이 의식하기 때문에 여가를 즐기는 와중에도 자유롭지 않다. '비워냄'이라

는 여가의 목적이 자신과 타인을 구분 짓는 수단으로 변
질된 것이다.

　네덜란드의 역사학자 요한 호이징가*Johan Huizinga*는 인
간을 호모 루덴스(*Homo Ludens*, 유희의 인간)로 규정하며 여가가
인간의 삶에 얼마나 중요한지를 강조했다. 그는 인간이
본질적으로 유희를 추구하는 동물이고, 문화의 원동력은
놀이라고 말했다. 하지만 잘 쉬는 법을 잊어버린 우리는
여가 상실의 시대를 살고 있다. 여가의 의미가 퇴색되는
것은 인간 고유의 본성을 잃고 있음을 의미한다. 여가를
적절히 사용할 줄 모르는 사람은 바쁨의 지배에서 벗어
날 수 없고 만성적인 피로를 느낀다. 이는 불행히도 많은
현대인이 호소하는 문제다.

#3

원더
우먼
증후군

―――――――――

일터와 가정에서 이상적인 역할을 동시에 소화해야
한다는 사회적 압박이 현대 여성을 바쁘게 만든다.
'일이냐 가정이냐.' 그것이 문제로다.

인류가 더 나은 방향으로 진보하는 과정에서 당연하다고
여겨졌던 수많은 부조리한 인습이 깨졌다. 자신의 정당
한 권리를 위해 목소리 냈던 이들은 기성 사회의 억압에
굴하지 않고 꿋꿋이 저항하며 인간으로서 마땅히 누려야
할 권리를 쟁취했다. 하지만 인습은 쉽게 변하지 않는 습
성을 가지고 있고 변화는 때때로 큰 희생을 요구하기에,
전진의 발걸음은 대개 더디기 마련이고 때로는 실패한
다. 그런데 인류 역사상 가장 급격하고도 성공적으로 그
리고 광범위하게 자신들의 정당한 권리와 지위를 쟁취한
종種이 있으니 바로 여성이다.

　지역마다 그리고 시기마다 정도의 차이는 있지만 여

성은 꽤 오랜 시간 동안 부당한 대우를 받았다. 남아 선호 사상이 심한 지역에서는 여아의 낙태 혹은 살해와 같은 끔찍한 일이 버젓이 일어났고, 여성을 단지 남아를 낳는 수단으로 취급하는 경우도 있었다. 심지어 오늘날까지 아프리카에서는 여성의 성기를 잘라내는 할례가 자행되고, 일부 이슬람 국가에서는 여성에 대한 갖가지 차별이 당연시되고 있다. 한국도 불과 한 세기 전만 해도 성리학의 영향을 받아 여성은 남성을 보조하는 역할이라는 관념이 지배적이었다. 삼종지도(三從之道, 여자는 어려서 아버지를, 시집가서는 남편을, 남편이 죽으면 아들을 따른다)나 칠거지악(七去之惡, 남편의 일방적인 의사 표시로 아내와 이혼할 수 있는 일곱 가지 이유) 같은 남성 우월적 가치관이 당시에는 당연하게 여겨졌다. 한국에 여성가족부가 설립되고, 남녀고용평등법이나 가정폭력을 범죄로 인식하고 처벌하는 법, 호주제 폐지가 시행된 것은 30여 년이 채 되지 않는다.

남성으로 태어나지 않았다는 것 때문에 여성이 부당한

대우를 받았다는 점은 실로 경악할 만한 일이다. 인류의 절반이 여성이라는 점과 세계화가 확산되기 이전 아주 오랜 옛날부터 곳곳에서 성차별이 존재했다는 점을 미루어보면, 여성에 대한 차별은 인종 차별보다 더욱 광범위하고 만성적으로 행해졌다고 볼 수 있다. 몇 백 년 전에 누군가 '미래는 여성이 고등교육을 받고 정치 및 경제 활동을 활발히 하며, 심지어 기업이나 국가의 총책임자가 되는 시대일 것'이라고 말했다면 아마 미친 사람 취급을 받았을 것이다.

그렇다면 무엇이 현대 여성의 지위 상승을 야기했는가. 가장 중대한 계기 중 하나는 전쟁이다. 세계대전이라는 특수한 상황 속에서 국가는 승리를 위해 여성을 동원해 전쟁터에 끌려간 남자들의 공백을 메우고 생산성을 극대화하려 했다. 이 시기 국가는 '할 수 있다'는 정신과 애국심을 고취하며 여성의 사회 참여를 적극적으로 장려했다. 여성은 가정의 울타리에서 벗어나 병원, 공장, 군대

등에서 유감없이 자신들의 능력을 발휘했고 사회는 인적
자원으로써 여성의 가능성에 대해 재고하게 됐다. 여성
이 가정 밖에서도 훌륭한 사회 구성원이 될 수 있음을 증
명한 이후, 남아선호 사상이 약해지고 사람들은 여성의
교육에 투자하기 시작했다.

　피임의 확산도 여권 신장에 의미 있는 기여를 했다. 계
획되지 않은 임신은 여성의 삶에 치명적인 제약을 가한
다. 피임이 발달하기 전 수천 년 동안, 여성들은 관계를
가진 후 원치 않는 임신을 할지도 모른다는 불안에 시달
려야 했다. 하지만 19세기와 20세기에 걸친 콘돔과 피임
약의 보급은 임신과 출산에 대한 선택권을 부여함으로써
여성들이 자신의 삶을 설계할 수 있게 도와줬다.

　또한 가전제품의 발달로 가사에 드는 육체노동 시간이
획기적으로 줄어들면서 여성들은 가사를 제외한 다른 생
산적인 활동에 더 많은 시간을 보낼 수 있었다. 특히나 세
탁기는 빨래를 단 한두 시간 내에 해결해주며 여성을 지

겹고 단순한 중노동에서 해방시켰다. 오죽하면 교황청이 20세기 여성 해방의 일등 공신으로 세탁기를 꼽았을 정도니, 세탁기가 여성의 지위 향상에 미친 영향력은 엄청났다.

여성들의 교육 수준과 경제력이 높아지고 사회 활동에 대한 참여가 활발해지면서 평등을 향한 페미니스트들의 목소리가 커졌고, 이들은 계급 투쟁 역사상 전례 없는 속도로 신속하고 성공적으로 그리고 광범위하게 자신들의 권리를 쟁취했다. 여성 차별은 옳지 않다는 명제가 20세기에 대대적인 공감을 얻기 시작하면서 각 국에 여성 문제를 전담하는 부처가 생기고, 세계 여성의 날이 지정됐으며, 여성에 대한 사회적인 인식도 서서히 바뀌었다. 여전히 해결해야 할 문제들이 있지만 과거와 비교할 때 여성들이 짧은 시간에 괄목할만한 성과를 이룬 것은 분명하다. 성차별에 대한 인식 제고, 출산 휴가의 증가, 가정 폭력과 성범죄에 관한 문제 의식 등이 그 결과를 보여준

다. 21세기 비약적으로 상승한 여성의 지위 및 다양한 분
야에서 두각을 나타내는 여성 리더들의 모습을 200년 전
가부장적 조선 양반들은 상상도 하지 못했을 것이다.

___
___ 인정받는 커리어우먼이자
___ 가정적인 어머니가 되기 위하여

하지만 역설적이게도 여성의 활발한 경제 활동과 지위
상승은 여성의 삶의 가속화를 야기했다. 일터와 가정에
서 여성에게 기대하는 역할은 상충될 수밖에 없기에 현
대 여성은 일뿐만 아니라 가사노동이라는 짐을 양 어깨
에 짊어진 채 아슬아슬한 줄타기를 하는 셈이다. 이처럼
직장과 가정에서 여성에게 과중한 역할을 기대하고 있으
며, 이를 온전히 충족시키려면 여성은 원더우먼이 되어
야 한다. 《타임 푸어》의 저자 브리짓 슐트*Brigid Schulte*는
퓰리처상을 수상한 유능한 기자이자 엄마로서, 직장과

가정을 오가며 눈코 뜰 새 없이 바쁜 워킹맘의 고충을 털어놓는다. 이상적인 노동자인 동시에 좋은 엄마가 되어야 한다는 현대사회의 기대와 압박이 '일하는 여성'의 삶을 가속화시킨다는 주장에 무척 동의한다.

실제로 일하는 현대 여성은 일과 휴식 사이 적절한 균형을 찾기가 쉽지 않다. 가정에서는 육아, 직장에서는 업무 때문에 하루 종일 바쁨의 스위치가 켜져 있는 이들은 아마도 현대사회에서 가장 절실히 시간 빈곤을 느끼는 계층일 것이다. 특히나 '남편을 내조하는 아내, 가정적인 어머니' 등의 구시대적인 성 역할은 일하는 여성으로 하여금 강박을 느끼게 하고, 이들의 시간을 앗아간다. 이처럼 열악한 환경 속, 일하는 여성은 일과 가정 가운데 양자택일을 하도록 강요받기 때문에, 출산을 꺼리거나 경력단절 여성이 된 채 일을 그만 두는 경우가 많다. 이것은 분명 여성에게 집안일의 의무만 주어졌던 과거에는 존재하지 않았던 형태의 부담이다. 비록 과거 여성들의 지위

는 열악했지만, 이 당시 여성들의 바쁨의 강도는 현대 여
성의 그것보다는 상대적으로 양호한 수준이었다.

　문제는 여성의 역할에 대한 현실과 인식의 괴리다. 여
성의 역할이 가정에서 사회로 확장됐지만 여전히 가사
및 육아는 여자 담당이라는 인식이 지배적이다. 만약 부
부가 모두 일을 한다면, 남편이 집안일을 분담하는 것이
당연함에도 불구하고 전부 여성에게 떠넘기거나 마치 남
성이 선심을 쓰듯 돕는다고 생각하는 경우가 많다. 특히
나 한국은 '명절 증후군' '시월드(시댁을 지칭하는 신조어)'라는 말
이 있을 정도로 여전히 가부장적인 유교 문화에서 벗어
나지 못하고 있는 양상이다. 게다가 가정에 시간을 쏟는
여자는 대개 일터에서 불리한 위치에 놓인다. 출산휴가
나 육아휴직 이후 여성의 경력은 단절되거나 인사고과에
서 불이익을 받는 것이 일반적이다. 이러한 현실과 인식
의 괴리 때문에 현대 여성은 일반적으로 선택의 기로에
놓인다. '일이냐 가정이냐, 그것이 문제로다.'

전통적인 가치관을 가진 여성들의 경우, 직장을 관둔 뒤 남편을 내조하는 삶을 살기를 원하지만 이마저도 점차 여의치 않은 상황이다. 20세기에는 여성의 임금이 남성 대비 현저히 낮고 남성의 소득만으로도 가정의 생계를 꾸리는 것이 가능했기에, 여성이 일을 하지 않는 것이 경제적으로 비합리적인 선택이 아니었다. 당시에 외벌이는 전형적인 중산층의 상징이었지만, 지금 같은 저성장 시대엔 둘이 벌어도 빠듯하게 가계살림을 꾸려나가는 경우가 많기에 여성의 지속적인 경제활동 참여가 요구된다. 즉 외벌이를 할 수 있는 경제력이 되거나, 공평하게 가사 및 육아 분담을 하는 남편을 만난 소수 운 좋은 여성들을 제외한, 나머지 다수의 여성들은 원더우먼 증후군에 시달리며 바쁨의 지배를 받을 가능성이 크다.

4

불안에 대한
방어기제,
정체된 질주

————————

사람들은 불안을 느끼고, 바쁘게 사는 것으로
자신의 소임을 충분히 하고 있다고 착각한다.
바쁨은 불안에 대한 일종의 방어기제다.

《이상한 나라의 앨리스》의 속편인《거울 나라의 앨리스》
에는 붉은 여왕의 손에 이끌려 앨리스가 달리는 장면이
나온다. 한참을 달렸는데도 앞으로 나아가지 못하고 제
자리에 머물러 있는 것을 보고 앨리스가 이유를 묻자 붉
은 여왕은 답한다.

"이 세계의 법칙은 이거야. 네가 뛰는 동안 네 주변
의 환경도 바뀌기 때문에 네가 그 자리에 머물러 있으
려면 쉬지 않고 달려야 해. 앞으로 나아가려면 최소한
두 배는 더 빨리 달려야 된다는 소리지!"

미국의 생물학자 리 밴 배일런*Leigh Van Valen* 박사는 붉은 여왕의 이야기를 비유로 들며 종의 진화와 멸종을 설명했다. 즉, 어떠한 종이 진화할 때 다른 종도 마찬가지로 진화하기 때문에 뒤처지지 않으려면 끊임없이 발전해야 하고, 여기서 도태된 종은 멸종한다는 것이다. 이는 비단 생물뿐만 아니라 비즈니스 세계에서도 마찬가지로 적용된다. 죽도록 발전해서 살아남거나 혹은 도태되거나.

인간의 삶이 점차 가속화되면서 바쁨은 선택이 아닌 강제가 됐다. 붉은 여왕의 이야기처럼 대다수의 주변 사람들이 바쁘게 사는 환경에서 자신만 유유자적하게 생활할 수 있다는 생각은 오산이다. 보통의 사람들은 다른 이들처럼 분주하게 살아야 도태되는 것을 면한다는 생각에 기꺼이 바쁨의 지배를 받아들인다. 네트워크 효과라는 것이 있다. 사람의 선택은 다른 사람의 선택에 영향을 받는데, 어떤 상품이 대중의 주목을 끌면 인기 있다는 이유 때문에 더 많은 관심을 받는다는 경제 이론이다. 바쁨도 이와 같다. 점점 더 많은 사람이 바쁘게 살면서 바쁨은 점차 증폭되고 전염된다. 바쁘지 않은 상태를 마치 무능력함, 게으름, 한심함 따위와 같이 부정적으로 인식하는 사회 풍토마저 생겨났다.

　문제는 지나친 바쁨으로 인해 잃게 되는 것들이다. 바쁨을 극대화하는 사람은 여가, 사랑하는 사람들과 보내는 소중한 시간, 사색, 일상의 소소한 행복을 느낄 틈이 없다. 무엇보다도 기계적으로 바쁨의 관성에 떠밀려 살다 보면 '정체된 질주'를 할 가능성이 높다. 정체된 질주란 깊이 있는 사색이나 삶의 여백이 결여된 채, 목적 없이 그저 하루하루 바쁘게 살아내는 상태를 뜻한다. 정체된 질주는 존재의 결핍을 가속화한다. 삶의 템포가 빠른 도시에 사는 현대인의 경우 정체된 질주 상태로 하루를 정신없이 보내는 경우가 많다.

　특히나 삶의 변동성이 확대되고 10년 혹은 20년 후 미래를 예측할 수 없게 되면서 사람들은 불안을 느끼고, 바

쁘게 사는 것으로 자신의 소임을 충분히 하고 있다고 착
각한다. 바쁨은 불안에 대한 일종의 방어기제다. 한국의
경우 IMF 위기를 거치며 실직에 대한 공포가 확산되었고,
뭔가를 바쁘게 하지 않으면 도태된다는 인식이 퍼지게
되었다. 미디어와 사교육 업계는 공포 마케팅을 하며 사
람들에게 평생 교육의 중요성을 강조했고, 대중은 뭔가
를 학습해야 한다는 강박관념에 자신을 바쁨의 소용돌이
로 갈아 넣기 시작했다. 하지만 안타깝게도 "나는 이 정도
바쁘게 살고 있으니 앞으로 나아가며 성장하고 있어"라
는 착각은 붉은 여왕의 이야기처럼 정체인 경우가 대부
분이다.

정체된 질주의 특징은 잠시 멈춰서 깊은 생각을 할 틈
조차 주지 않는다는 것이다. 누군가 인생에서 중요한 결
정을 내리기 전, 정체된 질주에서 벗어나 잠시 여유를 가
지고 깊게 생각해보려고 하면 주변에선 아마 이렇게 말
할 것이다. "지금 바빠 죽겠는데 그럴 시간이 어디 있어?"

때로는 부모, 선생, 상사의 얼굴을 한 누군가가 당신을 바쁨의 경주로 몰아넣으며 정체된 질주를 하라고 강요한다. 이러한 관성에서 자유로운 사람은 많지 않다. 초등학교에서 대학교로, 다시 20대에서 30대로 거듭나며 "지금이 인생에서 가장 중요한 시기니 딴 생각하지 말라"는 말을 매 순간 듣고 자라며 우리는 정체된 질주를 지속한다.

왜냐고 묻지 말고
앞만 보고 달리라는 가르침

정체된 질주는 교육 문제가 크다. 교육 기관은 대개 공부를 왜 해야 하는지 알려주지 않는다. 단지 어떻게 해야 높은 점수를 받고 상위 대학에 들어갈 수 있는지 알려줄 뿐이다. 이것을 과연 참교육이라고 할 수 있을까. 한국에서 소위 공부 좀 한다는 우등생은 '왜'라는 질문보다는 '어떻게'라는 요령에 도가 튼 사람이다. 호기심을 가지고 수업 시간에 질문하는 학생보다, 맨 앞자리에 앉아 선생이 말하는 것을 녹음기까지 켜가며 기계적으로 한 글자 한 글자 받아 적거나 사교육에 흠뻑 노출된 학생이 좋은 성적을 받고 명문대에 가는 것이 한국 교육의 현실이다.

사교육 지출은 줄어들 기미가 보이지 않고 주입식 교육에 익숙해진 아이는 성인이 되어서도 스스로 사고할 능력이 결여된 채 정체된 질주를 멈추지 않는다. 외국어니 코딩이니 하는 직장인 대상 학원이 우후죽순 생겨나는 것도, 적성에 맞지 않아 회의감을 느끼고 입사 1~2년 만에 퇴사하는 초년생이 많아지는 것도 '왜'라는 근본적인 고민이 충분히 선행되지 않은 채 정체된 질주를 했기 때문이리라.

점차 삶의 템포가 빨라지는 흐름 속에서, 정체된 질주를 하는 사람들이 겪는 피로감과 자괴감은 더욱 커질 것이다. 지금 정체된 질주를 멈추지 않는다면 우리의 삶은 더욱 '바쁨'에 잠식당할 것이고, 이에 만성적인 피로를 호소하며 고통받는 사람 역시 늘어날 것이다. 자고로 지피지기 백전불태知彼知己 百戰不殆라 했다. 바쁨은 어떻게 탄생했는지, 바쁨은 어떻게 강제가 됐는지, 바쁨이 어떻게 우리 삶을 지배하며 그 미래는 어떤 것일지 등 바쁨에 대해서 알아야 바쁨을 현명히 다룰 수 있다. 삶의 속도가 점차 가속화될 수밖에 없는 환경에서, 바쁨에 대해 이해하고 함께 변화를 고민해야 우리는 비로소 정체된 질주를 멈출 수 있을 것이다.

2부

바쁨의 탄생

#1

사건의
시간에서
기계의 시간으로

우리는 시·분·초 단위로 파편화된
시계의 시간 속에서 바쁨의 행진곡에 맞춰
삶의 리듬을 빠르게 조절하게 됐다.

―――――――

바쁨은 어떻게 탄생했을까. 여기서의 '바쁨'은 늘 시간이 없는 현대인이 겪는 만성적인 바쁨을 뜻한다. 물론 고대 원시인도 생존을 위해 맹수에게 쫓겨 도망칠 때나 사냥할 때는 바쁘게 몸을 움직였을 테지만, 앞서 말했듯 이것은 일시적인 바쁨이다. 바쁨은 기계식 시계의 확산과 더불어 탄생했다. 즉, 인간이 시간의 정의를 사건 단위에서 시, 분, 초 단위에 기반을 둔 것으로 인식하기 시작하면서 시간은 파편화됐고 바쁨은 만성적이 됐다.

아리스토텔레스*Aristoteles*는 시간을 '앞의 것과 뒤의 것을 기준으로 일어나는 변화의 횟수'로 정의했다. 시, 분, 초 단위의 기계식 시계가 확산되고 사회적 합의를 얻기 전 사람들에게 시간은 곧 '사건의 시간'이었던 셈이다. 이때 시간은 일종의 덩어리 형태로써 사건을 단위로 사람들에게 인식된다. 가령 고대 그리스인들은 암탉이 울고 해가 뜰 무렵 일어나고, 해가 질 무렵 일과를 마치며 별이 뜰 무렵 잠자리에 들었을 것이다. 사건의 전후에 발생하는 공백을 만끽할 여유가 그 무렵에는 존재했다. 이때의 시간은 부유浮遊하는 모습을 보였는데, 오늘날 기준으로 보면 무기력해 보일 정도로 시간의 속도는 느리게 흘러갔다.

한편 시간을 측정하는 기계식 시계가 확산된 이후 시간 단위는 시, 분, 초로 잘게 쪼개졌고 시간의 맥박은 빨라졌다. 매 초마다 째깍거리며 시간의 단위를 잘게 쪼개는 시계의 시간은 공백을 허용하지 않는다. 이때 시간은 부유하며 흘러가는 것이 아니라 빠르게 소모되는 형태를 보인다. 마치 모래시계 속 모래가 빠르게 줄어드는 것처럼, 사람들은 자신의 인생 속 시간이 빠르게 소모된다고 인식하며 조급해지기 시작했다. 기계식 시계가 대중화된 오늘날 우리의 삶은 어떠한가. 휴대폰 알람 소리는 아침의 고요를 찢고, 낮에는 한 시간 가량의 점심시간이 주어지며, 잠에 드는 시간 또한 보통 일정하다. 우리는 시, 분, 초 단위로 파편화된 시계의 시간 속에서 바쁨의 행진곡에 맞춰 삶의 리듬을 빠르게 조절하게 됐다.

시간을 정확히 측정하는 도구가 보편화되기 전, 그러니까 자연에 기반을 둔 해시계나 물시계 같은 원시적인 형태의 시계가 아닌 오늘날 우리가 사용하는 기계식 시계가 대중적으로 쓰이기 시작한 것은 인류의 역사에서 불과 수백 년에 지나지 않는다. 특히나 19세기 열차와 철도의 발달은 시계에 기준을 둔 시간이 급속하게 확산되고, 전 세계 사람들이 공통적으로 참고할 수 있는 기준 시간을 제공하는 데 결정적인 역할을 했다.

19세기 영국이 증기기관 열차를 처음 내놓았을 때, 당시 사람들은 달리는 열차가 승객의 생명을 위협할 수 있다고 생각했다. 시속 30킬로미터라는 빠른 속도 때문에 승객의 몸 속 장기나 뇌가 뒤틀릴 것이라는 두려움이 있었던 것이다. 하지만 우려와는 달리 사람들은 점차 열차의 차창 밖 빠르게 지나가는 풍경에 익숙해졌고, 책을 읽거나 자는 등 열차에서 나름의 시간을 보내는 법을 터득하게 됐다.

열차와 철도가 시계의 시간이 확산되는 데 기여한 방식은 시간의 규율화다. 운행 시간표에 '저녁노을이 지고 어둑해질 무렵'이라고 적힌 열차는 없다. 열차는 사건에 기반을 둔 시간을 허용하지 않는다. 모든 열차의 운행 시간은 '저녁 6시 43분'과 같은 숫자를 표기한다. 사건의 시간에 익숙해 있던 사람들이 열차를 제시간에 타기 위해서는 시계의 시간을 지키는 법을 터득해야 했다. 기차역마다 큼직한 시계가 걸렸고, 사람들은 시계를 보는 법을 배우며 시, 분, 초로 파편화된 시간 단위에 익숙해졌다.

하지만 철도가 전 세계에 깔리기 시작하면서 문제가

발생했다. 바로 지역마다 기준으로 삼는 시각이 달라 혼란이 생겼다는 점이다. 당시 사람들은 태양이 가장 높게 떠오른 때를 정오로 정했고, 지역마다 시간의 기준이 상이해지는 결과가 발생했다. 하지만 영국에서 촉발된 철도혁명 이후 열차가 전 세계 곳곳을 누비면서 효율적인 운송관리를 위해 지역마다 달랐던 시간의 기준을 통일할 필요성이 대두됐다. 당시에는 심지어 영국 내에서조차 지방마다 시간의 기준이 달랐는데, 영국은 그리니치 표준시를 기준으로 영국 안팎의 시간 통일을 주도한다. 19~20세기에 걸쳐 통일된 시간으로 인해 운송 수단의 운영과 관리의 효율성이 비약적으로 증대됐다. 시간의 통일이라는 편의를 제공한 영국의 그리니치 표준시는 오늘날에도 광범위하게 쓰이고 있다.

땡땡땡 울리는 학교 종은
시계를 따르는 법을 가르친다

시계의 시간은 운송 수단뿐만 아니라, 일종의 생활 규율로 자리 잡으며 학교, 일, 여가 등 광범위한 영역에서 영향력을 미쳤다. 예를 들어 인클로저 운동(지주나 자본가가 자신의 수익이 증대되는 방향으로 땅을 운용하기 위해 벌였던 운동)으로 인해 농촌에서 도시로 내몰린 공장 노동자들은 시계의 감시를 받아야 했다. 과거에는 사람이 물건을 만들거나 서비스를 제공하는 사건이 발생하면 돈을 벌었다. 하지만 시계가 확산된 이후 노동과 임금의 구조는 사건 중심에서 시간 중심으로 전환됐고, 노동자들은 판매한 시간을 단위로 임금을 받게 됐다. 마치 오늘날 우리가 대부분 시간을 팔아 돈을 버는 임금노동자인 것처럼 말이다.

한편 공장에 걸린 시계는 째깍째깍 소리를 내며 노동자들을 감시했고, 이들은 정확한 시각에 울리는 사이렌

소리에 맞춰 출근하고, 휴식하고, 밥을 먹고, 퇴근해야 했다. 시간의 규율 속에서 사람들이 잃어버린 것은 여유만이 아니었다. 노동자들은 빠르게 돌아가는 기계의 리듬에 맞춰 인간으로서의 주체성을 잃었고, 자본가들의 무자비한 착취를 견디지 못해 급기야 러다이트 운동(기계와의 생산성 경쟁에서 열위에 처한 노동자 계층이 자본가에 맞서 벌인 노동운동)을 일으키며 분노를 터뜨렸다. 연장을 들고 일어난 노동자들이 기계와 함께 부순 것은 자신들의 일거수일투족을 통제하고 계량화한 시계였다.

학교에서도 마찬가지였다. 오늘날 여러 나라의 공교육에 뿌리가 된 프로이센식 교육(나폴레옹과의 전쟁에 패한 프로이센이 국가 개혁을 위해 실행한 공교육 제도)의 주된 목적은 국가에 충성하는 시민을 길러내기 위함이다. 프로이센의 교육은 특히나 통제와 훈육, 도덕, 복종하는 법을 가르치는 것에 중점을 두는데 여기서 시간의 규율화는 학생들을 길들이는 데 효과적이다. '학교 종이 땡땡땡, 어서 모이자. 선생님

이 우리를 기다리신다.' 우리가 어릴 때 배운 이 동요 가사처럼, 학생들은 시계의 시간을 따르는 학교의 수업과정을 이수하며 시간의 규율화를 학습한다.

사람들이 학교와 일터라는 일상에서 벗어나 주말에 예배를 드릴 때도 교회 첨탑 위에는 커다란 시계가 걸려 있었다. 시계는 철도, 일터, 학교, 교회를 넘어 심지어 사람들의 손목까지 영역을 넓히며 시간의 규율화를 널리 전파했다. 이제 세상은 시계의 시간에 완벽히 길들여졌다. 몸에 착용하도록 만들어진 웨어러블 기기의 가장 대중적 형태가 스마트워치인 것 또한 참으로 의미심장하다. 이처럼 기계식 시계가 대중화되면서 시간의 파편화가 확산됐고, 잘게 쪼개진 시간의 단위 속에서 인간은 만성적으로 바쁨을 달고 살게 됐다.

#2

신의
미움을 산
베짱이

———————

전 세계 사람을 하나의 믿음으로 통합하는 데
실패한 신과는 달리,
돈은 이미 숭고한 목적이자 유일신이다.

개미는 근면을, 베짱이는 게으름을 상징한다. 원수를 사
랑하라는 신조차 게으름뱅이 베짱이는 사랑하지 않는다.
왜일까. 신은 가급적 많은 추종자가 오랜 기간에 걸쳐 자
신을 숭배할 때 불멸할 수 있다. 이를 위해 신은 인간에게
무한한 신앙심으로 자신을 우러러보는 추종자가 될 것,
의심하지 말 것을 명령하며 돈과 노동력 따위의 자원을
요구한다. 종교적 대의는 언제나 인간 개인의 가치보다
우선시되며 희생을 강요한다. 종교 집단의 번식에 충실
하지 않는 게으름은 곧 악이며, 게으름뱅이의 사후에는
천국이 아닌 지옥이 기다릴 것이라고 신은 경고한다. 대
부분 종교에서 게으름을 악으로 규정하는 것은 생각해볼

만한 일이다. 바쁨은 신에 의해 만들어졌지만, 그런 신은 인간에 의해 만들어졌다.

원시인에게 신의 존재란 무엇이었을까. 홍수, 지진, 화산 폭발과 같은 자연재해를 겪으며 인간은 초자연적 존재에 대한 막연한 두려움을 느꼈을 것이다. 게다가 주변 사람들의 죽음을 지켜보며, 사후 세계에 대한 궁금증을 가졌을 법하다. 실제로 세계 곳곳에서 발견된 고대시대 동굴벽화, 조각, 무덤, 미라 등의 유물은 원시인들이 초자연 현상에 대해 인지하고 있었음을 보여준다.

신이라는 절대적 존재 및 사후세계에 대한 믿음은 매일 생존을 위한 사투를 벌이는 원시인들에게 분명 정신적 위안이 됐을 것이다. 문제는 농업혁명으로 인구가 비약적으로 늘어 작은 집단이 부족으로 자라나며 사회를 이루고 국가를 형성하는 과정에서 권력을 가진 자들이 신을 이용했다는 것이다. 신은 강자들에게 체제 안정과 지배의 정당화를 보장하며 권력과 함께 그 기세를 넓혀나갔다.

생각해보자. 고릴라나 침팬지보다 신체적으로 열등한 인간이 생존경쟁에서 이겨 영장류의 왕이 될 수 있었던 이유는 집단을 형성하는 결속력 덕분이었다. 집단을 통해 인간은 자신보다 힘이 센 맹수의 공격에서 효과적으로 자신들을 방어할 수 있었고, 협동하고 함께 발전하며 세력을 키울 수 있었다. 그런데 집단의 개체 수가 적을 때 한 무리의 리더는 보통 가장 힘이 센 수컷이 맡는다. 이는 동물의 왕국에서 일반적으로 통용되는 진리다. 하지만 구성원이 천 명, 만 명 이상으로 늘어나면 이는 한 개인이 물리적 힘으로 제압할 수 없는 규모가 된다. 그런데도 인간은 이를 효과적으로 통제하는 방안을 구상해냈다. 그것은 바로 종교나 국가처럼 '허구의 관념으로 만들어진 집단'을 통해 구성원에게 소속감을 부여하는 것이다. 의무라는 명분하에 평범한 개인은 자신이 속한 집단의 목적을 달성하기 위한 수단으로 이용되어 왔다.

　같은 신을 믿는다는 동질감은 구성원에게 실로 강력한 소속감을 부여하고 내부 응집력을 강화했는데, 이는 동전의 양면과 같은 특징을 지녔다. 한 무리의 패거리가 형성되었다는 뜻은 반대편이 생겼다는 것과 같은 의미다. 강자들은 때때로 다른 편을 침략하기 위한 전쟁을 정당화하기 위해 신을 이용했다. 신의 뜻이라는 미명 하에 적을 죽이는 전쟁에 동원되고 수많은 희생을 감수해야 했던 것은 언제나 약자들이었다. 예를 들어 수 세기에 걸쳐 유럽과 이슬람 지역을 피로 물들인 십자군 전쟁은 신에 대한 비뚤어진 믿음이 얼마나 잔혹한 결과를 낳을 수 있는지 보여준다. 안타깝게도 종교적 광기에서 비롯된 끔찍한 비극은 종교적 명분을 내세우는 테러 단체들에 의해 오늘날에도 여전히 자행되고 있다.

　강자들은 신이라는 절대자가 자신들의 권력을 합리화하는 유용한 존재라는 사실을 간파했다. 모든 권력에는 그럴듯한 명분이 따른다. 권력을 정당화하고 현 체제를 안정시키기 위해서는 피지배층을 설득할 명분이 필요하다. "나는 왕의 아들로 태어났다. 나는 왕족이므로 너희는 나를 위해 세금을 내고, 일하고 때로는 군대에 동원돼서 죽을지라도 불만을 가지지 않고 복종해야 한다."는 주장과 "나는 신이 보낸 사자다. 내가 너희를 신의 뜻에 따라 보살피리라. 나에 대한 충성은 곧 신의 부름에 대한 응답이다. 나에게 복종하면 천국이 다가올 테지만 불복종하는 자에게는 지옥이 기다릴 것이다"는 주장을 비교해 보자. 과학과 민주주의 정신으로 무장한 현대인은 차라리 전자가 솔직한 독재자고 후자는 사기꾼이라고 생각하겠지만, 우리의 조상들은 후자를 굳게 믿었다. 실제로 과거 지배층은 신의 대리인 행세를 함으로써 보다 쉽게 내부 결속력을 다지고 대중들을 통치할 수 있었다. 니콜라스 웨이드*Nicholas Wade*는《종교 유전자》에서 다음과 같이 견해를 밝힌다.

"종교는 사람들을 정서적으로 결합시키는 신념과 실천의 체계다. 사회는 기도와 희생제의를 통해 초자연적인 행위자와 암묵적으로 교섭하고, 그들로부터 명령을 받는다. 신의 징벌을 두려워하는 사람들은 그 명령에 복종하며 사회 전체의 선을 개인의 이익보다 더욱 중요하게 생각하게 한다."

−《종교 유전자》, 니콜라스 웨이드 저, 이용주 역, 아카넷, 2015. 1., 35쪽

그는 종교가 인간의 도덕성을 강요하는 방향으로 작동한다고 주장한다. 또한 과격한 무신론자로 유명한 리처드 도킨스Richard Dawkins도 《만들어진 신》에서 종교가 평범한 약자들에게는 희망과 위로를 주지만 강자에게는 지배를 정당화하는 이데올로기를 제공한다고 피력한다.

종교는 공통적으로 도덕규범을 요구한다. 모든 유력 종교에는 나름의 율법이 있으며 신자들에게 이를 절대적으로 따르라고 강요한다. 종교는 율법을 통해 신을 섬기

고 이웃을 사랑하고 살생과 도둑질 같은 악행을 금하는
순종적인 시민을 길러낸다. 이러한 믿음은 확산되고 세
대를 거쳐 전파되면서 점차 응고된다. 주변 사람 모두가
신을 믿기에 '왜 그 신을 믿어야 하느냐'는 질문은 무의미
해진다. 이런 의문은 오히려 신의 권위에 도전하는 발칙
함으로 여겨지기도 한다. 일련의 상황은 강자들이 신의
성역 뒤에 숨어 자신의 권력을 정당화하고 지속적으로
이권을 얻는 데 바람직하다.

___
화폐의 형태로 강림하신
___유일신

한편 향락에 젖은 생활을 하던 고대 로마가 멸망하는
모습을 목격한 중세 가톨릭은 금욕주의 정신을 설파하며
수도원을 짓고, 순종적인 시민을 길러내는 데 심혈을 기
울였다. 당시 사람들은 언젠가 구원을 받아 천국에 갈 날

을 꿈꾸며 고된 일상을 이겨냈다. 신이 감시하고 있다는 생각에 자학적일 정도로 본인의 욕구를 억제하는 것을 미덕으로 여겼다. 순진한 사람들이 사회의 부조리를 의심 없이 받아들이며 신의 종노릇을 하는 동안 교회 세력은 부와 권력을 남용하며 부패했다. 당시 교회는 돈을 내면 죄를 면할 수 있다는 면죄부를 도입하며 온갖 명목으로 재물을 쓸어 담았다.

곪아 터진 종교계를 개혁하고자 16세기 종교개혁이 일어났는데, 이는 바쁨의 역사에서 발생한 가장 중요한 사건 중 하나다. 장 칼뱅Jean Calvin은 예정설을 통해 '인간은 신을 위해 존재하며 인간의 삶과 구원 여부는 이미 신에 의해 정해져 있다'고 주장했다. 그는 자신이 구원의 대상인지 궁금히 여기는 신자들에게 의심하지 말고 충실히 현세의 노동에 집중하라고 설파한다. 소명의식을 가지고 근면하게 직업 노동을 완수하는 것이 구원에 대한 확증이며 이렇게 쌓은 세속적 부는 신이 내린 은총이라는 설명이다.

이는 기존 교회의 가르침과 정반대였다. "부자가 천국에 가기란 낙타가 바늘구멍으로 들어가는 것만큼 어렵다"라고 가르치며 정작 뒤로는 자기 배를 불린 교회 세력에 염증을 느낀 시민들은 칼뱅의 교리에 열광했다. 이제시간 낭비는 죄악이 됐고 바람직한 삶이란 바쁘고 치열하게 살아야 하는 것으로 정의됐다. 이 시기 이후 자본주의가 본격적으로 태동했고, 이는 인류가 길고 긴 바쁨의행군을 시작했음을 의미한다.

바쁨의 원초적인 탄생에는 신이 한몫을 담당했지만 근대 이후에는 돈이 그 역할을 이어가고 있다. 시계는 단지바쁨을 가속화한 장치에 불과하다. 신과 돈의 가장 큰 차이가 있다면 바쁨을 낳는 방식이다. 신은 저 하늘 어딘가에서 인간들을 지켜보며 추종자들을 이용해 바쁨의 복음을 전파하는 절대적 지배자의 위치에 있다. 반면 돈은 생활 속에 깊숙이 스며들어 인간들이 스스로 바쁨의 씨앗을 뿌리도록 교묘히 작용한다. 전 세계 사람을 하나의 믿음으로 통합하는 데 실패한 신과는 달리, 돈은 이미 숭고한 목적이자 유일신이다. 돈은 존경과 경탄의 대상이 됐다. 바쁨의 관점에서 봤을 때 돈은 신보다 훨씬 강력한 바쁨의 원천이다.

#3

번영의
시대에
부족한 것

가급적 상위의 기호를 소비하고 더욱
많은 것을 가져야 행복해질 수 있다는
미디어가 만든 환상 속에 현대인은 존재의
공허함을 소비로 채우려 한다.

"신은 죽었다." 만약 니체가 중세에 이런 말을 했다면 죽임을 당했을 것이다. 그러나 과학으로 무장한 무신론자들과 세속화된 현대 사회는 점점 인간이 만들어낸 신을 무력화시키고 있기에, 신의 지위는 예전만 하지 못하다. 그런데 신을 뛰어넘어 시공간을 초월한 불멸의 존재가 있으니 바로 돈이다. 돈이라는 종이 쪼가리의 많고 적음에 사람들이 열광하고 다투며 때로는 살인을 저지르는 광경을 보면 아마 신은 기막혀할지도 모르겠다.

《사피엔스》의 저자 유발 하라리*Yuval Harari*는 호모 사피엔스가 이토록 강력한 종이 된 것은 가상의 이야기를 만들어내서 협력하고 공동체를 만드는 재주를 터득한 덕분이라고 주장한다. 이때 '이야기'는 종교, 국가, 법 등 우리 사회를 이루는 중요하지만 실체가 없는 관념들이다. 그런데 그는 은행가들이야말로 노벨 문학상을 받을 자격 있는 진정한 이야기꾼이라고 말한다. 왜냐하면 그들은 전 인류가 믿는 유일한 이야기, 돈이라는 개념을 만들어 냈기 때문이다. 돈은 신조차 실패한 업적을 달성했는데, 바로 전 세계 사람을 하나로 통합하는 일이다. 사람들은 돈의 교리를 순순히 받아들이며 그 어떠한 의구심도 가지지 않는다.

돈은 무엇인가. 돈은 사회적 약속을 통해 법적 지위를 부여받은 지불수단이다. 돈은 그 엄청난 신뢰와 영향력에도 불구하고 실체가 없는 허구의 관념이다. 원숭이에게 만 원짜리 지폐 한 장과 바나나 한 개를 내밀면 바나나를 집겠지만 인간은 돈을 선택할 텐데, 그 이유는 우리가 이 종이로 더 많은 바나나를 살 수 있다고 믿는 데 있다. 대표적 기축통화(국제 거래에서 기본으로 삼는 화폐)인 달러도 사실 미국에서 찍어낸 종이에 지나지 않는데, 이것이 전 세계에서 쓰일 수 있는 것은 국제사회에서 그렇게 믿기 때문이다. 각국이 발행한 화폐의 가치가 제각기 다르고 환율이 형성된 것은 단지 국제사회에서 돈을 발행한 국가에 대해서 가지고 있는 신뢰와 믿음의 수준 차이에 기원한다. 그럴 확률은 매우 낮겠지만, 또 일어나서도 안 되겠지만, 만약 이상기후로 인해 일본 영토 전체가 바닷속으로 잠겨버린다면 대표적 안전자산이라고 여겨지는 엔화조차 한순간 휴지 조각이 될 것이다.

수렵과 채집을 하던 시절 원시인들은 물물교환을 하며 서로의 필요에 따라 부족한 부분을 보충했다. 바닷가 인근에 사는 원시인 부족은 숲 속에 사는 원시인들과 만나 물고기와 과일을 교환할 수 있었다. 그러던 어느 날 물물교환의 편의를 높이기 위해 화폐가 개발된다. 초기 화폐의 형태는 가축, 조개껍데기, 돌 등의 현물이었다. 그러나 무겁고 관리가 어려운 현물 화폐에 한계를 느낀 인류는 점차 간편한 지불수단을 생각해냈고 광물과 동전 또는 지폐에 '돈'이라는 생명을 불어넣는다. 최근에는 비트코인 같은 암호화된 화폐까지 새롭게 등장하며 투기 수단으로 활용되고 있는데, 비트코인이 영속성을 얻기 위해서는 다른 화폐들이 그러했듯 많은 사람에게 돈으로 믿게끔 설득하고 사회적 합의를 얻어야 한다.

한편, 현대 경제 시스템에서 국가와 기업 그리고 가계는 서로 채권자와 채무자의 관계로 복잡하게 얽힌 채 돈의 번식을 돕는다. 모두가 돈의 교리를 굳게 믿고 전파하며 부채를 재료 삼아 돈의 신전을 짓고 있다. 우리가 주목해야 할 점은 사유재산을 인정하는 자본주의가 발달하고 확산되면서 돈이 더욱 신격화되기 시작했다는 사실이다. 《프로테스탄트 윤리와 자본주의 정신》에서 막스 베버*Max Weber*는 직업소명설을 주장한 칼뱅의 기독교 교리가 전파된 국가에서 자본주의 발달이 돋보였다고 밝혔다. 당시 칼뱅의 교리를 받아들인 사람들에게는 열심히 일해서 부를 축적하는 것이 신으로부터 구원을 받기 위한 수단이었다. 하지만 오늘날 돈은 그 자체로 목적이자 신이 돼버렸다. 물신숭배는 그 어떤 교리보다 강력하다.

물론 최소한의 돈은 생존하는 데 있어 필요하다. 그러나 분명 사람들은 돈에 과도하게 집착하는 경향이 있다. 버트런드 러셀*Bertrand Russell*은 《게으름에 대한 찬양》에서 다음과 같이 주장하는데, 무척 공감을 불러일으킨다.

> "최하층에서부터 최상층에 이르는 모든 계층에서 경제적 두려움이 사람들의 사고를 지배하고 밤에는 꿈까지 지배한다. 따라서 일할 땐 초조하고 여가를 즐길 땐 개운치 않다. 이렇게 늘 공포에 시달리는 상태야말로 문명 세계의 넓은 지역을 휩쓸고 잇는 광기 어린 분위기를 유발하는 주요인이라고 생각한다."
>
> — 《게으름에 대한 찬양》, 버트런드 러셀 저, 송은경 역,
> 사회평론, 2005. 4., 187쪽

채워도 채워지지 않는
밑 빠진 독

그렇다면 돈은 어떻게 사람들을 조종할까. 그리고 이 것이 만성적 바쁨과 무슨 관련이 있는가. 돈은 소비심리를 이용해 사람을 기나긴 바쁨의 행군으로 몰아넣는다. 우선 부자가 되어 소비에 제약이 없으면 행복할 것이라는 왜곡된 믿음을 사회 전체가 조장한다. 사람들은 돈을 많이 벌기를 '원하게끔' 길들여지고, 높은 임금의 일자리를 얻기 위해 교육에 투자하고 열심히 일한다. 더 많은 돈을 벌기 위해 인생을 바쁨의 분쇄기에 갈아 넣지만, 돈은 항상 부족하다. 아무리 열심히 일해도 충분한 돈이 손에 쥐어지는 경우는 거의 없다. 더 많은 돈을 벌고 싶다면 방법은 하나. 생산성을 높여야 한다. 생산성을 높이기 위해서는 스스로에게 자기 계발의 채찍을 휘둘러야 한다. 이쯤 되면 바쁨의 늪에서 헤어 나올 수 없는 지경에 이른다.

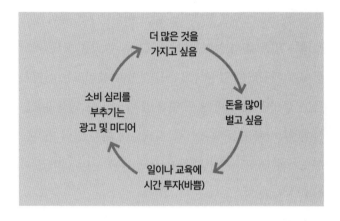

이 과정을 간단히 도식화하면 위 그림과 같다.

특히나 광고는 소비를 부추기며 돈의 복음을 전파하는 충실한 사제 역할을 한다. 광고를 통해 불필요한 욕구가 형성되고 상류층만 향유하던 사치는 곧 대중의 의무가 된다. 역사적으로 봤을 때, 사치품의 대중화는 어느 시대에나 존재했던 보편적 사회 현상이다. 가령 오늘날 여성은 대부분 겨드랑이 털을 제모하는 것에 익숙한데, 이는 관련 제품을 파는 질레트가 광고로 만들어낸 인식의 틀일 뿐이다. 100년 전까지만 해도 여성이 겨드랑이 털을 없애는 일은 흔치 않았지만, 질레트는 광고를 통해 '겨드랑이가 매끈해야 깔끔하고 현대적인 여성'이라는 이미지를 생성해냈다. 소비는 또 다른 소비를 낳는 연쇄작용을 야기한다. 예를 들어 겨드랑이 제모에 대한 인식 변화는 면도기와 면도날에서 레이저 제모 시술 등의 소비로 이어졌다.

장 보드리야르Jean Baudrillard는 이 점을 명확히 간파했다. 그는 《소비의 사회》에서 현대사회가 소비하는 것은 생산물이 아닌 기호라고 주장한다. 인간의 물건에 대한 욕구는 유한한 반면, 기호에 대한 탐욕은 끝이 없다. 예를 들어 손목시계를 살펴보자. 시계의 역할은 시간을 알려주는 것이다. 외출할 경우 한 개의 손목시계를 차고 다니면 충분하기 때문에 더 이상의 시계는 필요하지 않다. 오히려 여러 개의 손목시계를 팔에 두르고 다닌다면 우스꽝스러운 꼴일 것이다. 하지만 시계에 브랜드 로고가

박히면서 그 가격은 천차만별이 되고, 기호를 향한 인간의 욕구는 무한해진다. 수십만 원 가격대의 티쏘 시계를 사면 수백만 원짜리 태그호이어 시계를 가지고 싶고, 태그호이어를 사면 천만 원짜리 롤렉스가, 그 다음은 수천만 원 이상을 호가하는 위블로나 피아제가 끌린다. 이처럼 인간의 기호에 대한 소비 욕구는 결코 충족되지 않는 법이다. 가급적 상위의 기호를 소비하고, 더욱 많은 것을 가져야 행복해질 수 있다는 미디어가 만든 환상 속에, 현대인은 존재의 공허함을 소비로 채우려 한다. 사회 비판적 미술가 바바라 크루거*Barbara Kruger*의 "나는 소비한다. 고로 존재한다"는 현대사회에 참으로 유효한 명제다. '소유냐 존재냐'의 갈림길에서 다수의 현대인은 전자를 택한다.

문제는 건물주와 같이 뚜렷한 자본소득이 없는 대다수 인간의 굴레는 노동소득을 통해 생계를 유지해야 한다는 점이다. 일반적으로 높은 임금의 일자리를 얻기 위해서는 교육에 많은 투자를 해야 하고 일의 강도도 높기 때문에 바쁨은 필수적이다. 돈은 인간에게 바쁨을 권장한다.

"부자가 되어야 한다. 왜? 더 많은 것을 소비할 수 있고, 그래야 행복해지기 때문이다. 이것이 성공의 정의다. 게으름은 낭비요, 죄악이다. 바쁘게 살아라. 바쁘게 공부하고 바쁘게 일해라. 성공하고 싶다면 남들보다 바쁘게, 좀 더 바쁘게!"

이러한 돈의 교리 하에 지난 18세기 산업혁명 이후 인류는 부단히 바쁨의 나팔을 불며 전진했고 많은 것을 성취했다. 이제는 굶어 죽을 걱정보다는 오히려 비만으로 근심하는 경우가 많아졌고, 가정마다 자동차와 PC가 보급되었으며, 개개인이 스마트폰을 가지고 다닌다. 그런데 어째서 우울증이 확산되었고 자살률은 줄지 않는 것일까. 예전보다 훨씬 부유해졌는데 사람들이 여전히 불행을 느끼는 원인은 어디에 있는가. 그리고 줄곧 논의해

온 핵심, 바쁨의 기어는 왜 지칠 줄 모르고 우리의 삶을
가속화시키는가. 풍요 속 결핍을 느끼는 우리가 생각해
봄직한 일이다.

주 15시간
근로한다는
예언

교육의 혜택을 받지 못한 빈민층보다는
고등교육을 받은 상류층이 자발적으로 바쁘게
사는 경우가 많다. 워커홀릭은 지식노동자에게서
주로 발견되는 질병이다.

뉴딜정책에 영향을 준 것으로 유명한 세계적 경제학자
존 케인즈John Keynes는 1930년 〈우리 손자 세대의 경제적
가능성Economic Possibilities for Our Grandchildren〉이라는 글에서
과감한 예언을 한다. 그는 인류가 경제성장을 거듭할 것
이고, 100년 뒤 미래 후손들은 충분히 부유해져 일주일에
열다섯 시간만 일하고 여가를 누릴 수 있을 것이라고 했
다. 위대한 경제학자답게 성장에 대한 예측은 맞았지만,
여가에 대한 전망은 틀렸다. 그것도 아주 완벽히.

  케인즈는 선진국의 경우 100년 후 최소 4~8배까지 높
은 소득 수준으로 성장하리라 생각했는데, 이를 연간 성
장률로 환산하면 약 1~2퍼센트로 꽤나 정확히 추론한 셈

이다. 하지만 높아진 소득과 기술 발전 대비, 그가 예언한 일주일 열다섯 시간 노동은 여전히 요원하다. 대부분의 선진국이 20세기에 주 5일 근무제를 채택하며 획기적으로 일하는 시간을 줄였고, OECD 통계도 점차 과거보다 점점 덜 일하고 있음을 말해준다. 그래도 여전히 많은 현대인이 바쁘게 살며 여유를 누리지 못한다. 존 케인스는 분명 바쁨의 힘을 과소평가했다. 그는 무엇을 놓친 것일까.

앞서 이야기한 것처럼 종교적 규율을 중시하는 중세에서 근대적 자본주의 사회로 이행한 것은 바쁨의 역사에 있어 중대한 변곡점이다. 돈이 소비심리와 사유재산 축적을 부추기고 사람들이 원하는 것을 얻도록 경쟁하고 바쁘게 만드는 것은 분명 주요한 요인이다. 하지만 이것만으로 바쁨을 설명하는 데 석연치 않은 구석이 있다. 잘 사는 선진국에서 교육 수준이 높은 엘리트가 빈국의 서민보다 더 분주하게 사는 현상을 우리는 자주 목격한다. 교육의 혜택을 받지 못한 빈민층보다는 고등교육을 받은

상류층이 자발적으로 바쁘게 사는 경우가 많다. 육체노
동자가 워커홀릭인 경우를 보았는가. 워커홀릭은 지식노
동자에게서 주로 발견되는 질병이다.

　바쁨을 유발하는 사유체계는 기계적으로 생산성을 늘
려야 한다는 강박관념이다. 불행히도 이 끔찍한 생각에
사로잡혀 휴식을 취하면 불안을 느끼는 공한족恐閑族이 현
대사회에서 점차 늘고 있다. 이들에게 휴식은 죄책감을
수반하는 무기력함과 나약함을 의미한다. 따라서 이들
은 공장의 기계처럼 쉬지 않고 무언가를 하며, 일하지 않
는 시간조차도 생산적인 활동을 준비하기 위한 연장선으
로 인식한다.《피로사회》의 저자 한병철은 이러한 세태를
"지배 없는 자기 착취"라고 명하고, 주인이 곧 노예가 되
며 모두가 저마다의 노동 수용소를 달고 다니는 꼴이라고
비판했다. 이는 착취의 강제력이 표면적으로 드러나지 않
은 현대 사회 노동의 특성을 날카롭게 지적한 표현이다.

　이해를 돕기 위해 예를 들어보자. 반도체 업계 용어 중

98

'무어의 법칙'이라는 것이 있다. 수십 년간 반도체 시장에서 강자로 군림했던 인텔의 창업자 고든 무어가 주장한 법칙이다. 이는 반도체의 성능이 2년마다 두 배씩 증가한다는 내용을 담고 있다. 성능이 증가하는 반면, 생산 비용은 저렴해지기 때문에 인텔이나 삼성 같은 반도체 생산 업체들은 수익 극대화를 위해 마이그레이션 (migration, 반도체의 소형화 및 생산능력의 극대화) 기술 개발에 열을 올리며 매년 조 단위의 투자를 한다. 공장은 쉬지 않고 돌아가야 하며, 기술개발에 뒤쳐지거나 수율(완제품 생산 성공 비율, 높을수록 좋다)이 떨어지는 것은 회사에 치명적인 손해로 이어지거나, 심지어 회사의 존폐에 영향을 미칠 수 있다. (최근에는 반도체 제조 공정의 난이도가 높아져 무어의 법칙이 깨졌다는 이야기를 한다.)

반도체, 특히나 메모리는 일정 시간이 지나면 급격하게 가격이 하락하기 때문에 고객들에게 제값을 주고 팔기 위해서는 최신 기술이 적용된 신제품을 판매해야 한다. 따라서 반도체 시장은 생산성이 높은 최신 제품을 개

발하고 판매할 역량이 되는 소수의 사업자만 살아남을
수 있는 구조다. 그나마 상위권에 들어간 기업까지는 근
근이 버틴다지만, 기술 개발에 뒤쳐진 나머지 기업들은
구식이 된 제품을 헐값에 팔아야 하기 때문에 공장을 돌
리는 데 소요되는 높은 고정비용을 감당할 수 없다. 실제
로 과거에는 반도체 시장에 진출했던 일본이나 대만의
걸출한 업체가 많이 있었지만 지금은 대부분 경쟁에 밀
려 도산했다. 반도체 역사에 한 획을 그은 도시바도 경영
난을 겪으며 시장에 매물로 나와 있다. 반도체 시장에서
경쟁에 뒤쳐지는 것은 곧 죽음을 의미한다.

—
'인간 재고품이 되지 않으려면
__ 더 빨리 움직여라'

　무어의 법칙은 바쁨을 살아가는 우리에게 무엇을 시
사하고 있을까. 생산성 만능주의 하에 인간은 점점 반도

체 칩처럼 변해가고 있다는 확신이 든다. 더 효율적으로 공부하고, 일하고, 자기 계발하고, 멀티태스킹 하고, 일과 육아까지 완벽하게! 무어의 법칙 속 반도체 칩처럼 인간의 생산성은 날로 높아지고 삶은 가속화되며, 우리는 무언가에 쫓겨 늘 시간이 부족하다. 높은 생산성을 위해 바쁘게 사는 것이 미덕인 사회에서 때때로 '여유로운' 시간을 보낼 때마다 우리는 자책이나 불안을 느끼는 것에서 자유로울 수 없다.

사람들은 자학적이리만치 생산성을 높이기 위해 바쁘게 살지만 경쟁은 경쟁을 부추기고 웬만한 능력과 노력으로는 살아남을 수 없는 구조를 만든다. 무어의 법칙은 생산성 증대뿐만 아니라 생산 비용 및 반도체 칩 판매 가격 하락을 의미하기에, 이 법칙이 인간에게 시사하는 바는 다음과 같다. '평범한 다수의 사람은 자신의 경제적 가치가 재고품 떨이처럼 급격하게 하락하는 것을 피할 수 없다.' 쓸모없는 인간이 되지 않기 위해 가속화된 삶을 살며 사색과 여유는 사치처럼 여겨지고 인간은 정체된 질주를 할 가능성이 높다.

게다가 우수한 '스펙'을 갖춰 조건이 괜찮은 직장에 취업하는 졸업생을 배출하는 것이 최고 목적인 교육기관 역시 인간의 반도체칩화에 한몫하고 있다. 소위 명문으로 추앙받는 교육기관은 마치 생산성이 높은 반도체 칩을 양산하는 공장 같지 않은가. 이런 교육 환경 속에서 문학, 철학, 예술과 같이 인간에 대해 탐구하는 학문들은 설 자리를 점점 잃고 오로지 경제적 생산성 증대에 초점이 맞춰진 교육이 그 자리를 대신한다.

문제는 이런 효율성과 생산성 위주의 교육과정을 우수하게 이수한 사람들에게서 창의성을 찾아보기 힘들다는 것이다. A 등급의 학생은 대부분 대기업이나 공무원, 법률가나 의사와 같은 고소득 전문직이 되고자 한다. 하지만 역사에 굵직한 자취를 남긴 위대한 천재는 일반적으로 C 등급 학생이었을 확률이 높다. 문제는, 생산성(우수한 성적)을 제1의 가치로 신봉하는 교육기관 내에서는 창의성이 발휘되기 어려우며 천재들은 대개 불량품으로 취급받는다는 점이다. 알베르트 아인슈타인Albert Einstein, 윈스턴 처칠Winston Churchill, 토마스 에디슨Thomas Edison, 스티브 잡스Steve Jobs 등이 공통적으로 기성 교육에 적응하지 못하고 문제아로 취급된 것은 특기할 만한 사실이다.

이처럼 지나친 생산성 만능주의가 시사하는 바는 인간이 따뜻한 심장을 가진 유기체에서 점차 차가운 기계 같은 무기체로 변모하고 있다는 점이다. 거대한 바쁨의 공장 속 개인은 하나의 아주 작은 부품이 될 위험에 처했다. 만약 무어의 법칙이 반도체를 넘어 인간에게도 적용된다면 경쟁에서 승리하지 못한 대부분의 사람은 그 가치가 구식 메모리 반도체처럼 헐값이 될 것이다. 더불어 인간이 기계화되고 로봇은 인간화되면서, 인간과 로봇과의 차별성이 줄어들고 인간만의 고유한 영역이 사라지고 있다. 과도한 바쁨은 개인의 삶을 갉아먹고 있으며 인간의 정체성마저 위협하고 있다. 하지만 우리는 바쁨의 시계를 느리게 맞출 수 없다. 바쁨은 이미 거부할 수 없는 강제적인 규범이 됐기 때문이다.

3부

바쁨의

강제

#1

빠르게
돌아가는
지구본

세계화는 의자 앉기 놀이와 비슷하다. 파이가 커질 때는 모두 음악에 맞춰 춤을 추지만 음악이 끝나는 순간, 의자에 앉지 못하는 패자가 결정되고 이는 보통 개발도상국이다.

세계화라는 거대한 경제 시스템 하에 국가들이 무역장
벽을 낮추고 자유무역을 하게 된 것은 불과 200년 정도
밖에 되지 않았다. 15~18세기에는 보호무역을 중시하는
중상주의가 주류를 이뤘다. 그런데 19세기 아담 스미스
*Adam Smith*의 《국부론》이 발간되고, 데이비드 리카도*David*
*Ricardo*가 비교우위론을 통해 학문적 토대를 마련하며 '무
역은 모두에게 좋은 윈윈 게임'이라는 생각이 확산됐다.
과연 그럴까?

비교우위를 이해하기 위해 간단한 예를 들어보자. 어
느 섬에 젊은이와 노인 단 둘만 살고 있다. 사냥감을 잡고
열매를 채집하는 것은 모두 체력이 우수한 젊은이가 더

절대우위를 가진다. 하지만 젊은이는 사냥감을 잡는 것에만 집중하고, 노인은 상대적으로 육체활동이 덜 요구되는 채집에만 집중한 뒤, 서로 생산물을 교환한다면 두 사람은 같은 노력을 투자해 더욱 많은 생산물을 얻게 된다. 선진국은 고부가 가치 산업에 집중하고, 개발도상국은 노동집약적인 저부가가치 산업에 집중하는 것이 이와 같은 이치다.

역사적으로 세계화의 흐름을 주도한 것은 언제나 강대국이었다. 근대 초기, 세계화를 이끈 영국을 떠올리면 어떤 장면이 연상되는가. 대영제국에 문을 열고 수교하지 않는 나라는 모조리 무력으로 굴복시키는 모습이다. 19세기 중국에서 발생한 아편전쟁이 대표적인 사례다. 하지만 한때 영국은 18세기 전후 인도에서 값싼 면직물이 들어와 자국의 모직물 산업이 붕괴되자 강력한 보호무역을 실시했었다. 이후 증기기관의 발달로 대량생산 시스템을 갖춘 영국은 그제야 내수 시장의 한계를 느끼고 해

외 식민지로 눈을 돌리며 세계화의 페달을 밟기 시작한
다. 보호무역을 실시한 적 있던 영국이 태도를 180도 바
꾸어 자유무역에 반하는 나라들을 식민 지배하고 세계화
에 동조하게끔 강요한 것이다.

 미국도 마찬가지다. 도널드 트럼프Donald Trump 대통령
이 당선되기 전, 한미 FTA와 NAFTA(북미자유무역협정) 등 자유
무역을 찬양하던 미국은 사실 지독한 보호무역주의 국가
였다. 미국은 1920년대 지속된 농업부문의 불황 및 1929
년 대공황을 타개하고자 자국의 농업과 제조업을 보호하
는 스무트 홀리 관세법Smoot-Hawley Tariff Act을 1930년에 통
과시켰다. 이후 미국의 평균 관세율은 60퍼센트로 치솟
았고, 다른 국가들마저 보복성으로 관세를 올리며 세계
무역액은 4년 사이 약 40퍼센트 이상 급격히 감소해 경기
가 더욱 침체됐다. 심화된 세계 대공황으로 유럽에서는
파시즘이 등장했고, 보호무역주의는 2차 세계대전으로
이어졌다.

세계화가 본격적으로 광범위한 합의를 이룬 것은 2차 세계대전 이후다. 1945년 IMF(국제통화기금), 1947년 GATT(관세 및 무역에 관한 일반협정)가 출범했고, 1994년 우루과이라운드를 거쳐 1995년에는 마침내 WTO(세계무역기구)가 세워졌다. 이제 세계는 비로소 국경 없는 무역을 통해 세계화라는 단일 시스템 아래에서 전체 파이를 키워나갈 준비가 된 것처럼 보였다. 그리고 한국과 같이 변변한 자원도 없고 내수시장도 작은 나라는 세계화를 통해 수출 주도 성장 효과를 톡톡히 볼 수 있었다.

하지만 21세기 들어 다시 보호무역주의가 꿈틀거리고 있다. 2016년 발생한 브렉시트Brexit와 트럼프 미국 대통령 당선은 분명 세계화에 제동을 거는 사건이다. 공통적인 이슈로 포퓰리즘, 이민자 혐오 등이 있지만 이중 특히 '선진국 중심의 반反 세계화 정서'에 주목할 필요가 있다. 이러한 갈등에서 눈여겨봐야 할 것은 다음과 같다. 세계화로 인해 경제 시스템이 거대한 단일 체제를 이뤘지만

정치적·민족적으로는 여전히 분열됐다는 점. 그리고 최
근 세계화로 인한 상대적 박탈감을 가장 크게 느끼는 계
층은 선진국의 중하위층 노동자라는 점이다.

상품·자본·노동이 자유롭게 거래되는 무역환경 속에
서 선진국의 중하위층은 개발도상국 국민과 경쟁하며 동
시에 자동화라는 엄청난 해일을 맞이해야 했다. 이들은
세계화의 혜택에서 상대적으로 소외됐다. 이들에게 '로
봇이 당신의 일자리를 줄이고 있다'는 이야기를 꺼내기보
다는 이민자라는 공동의 적을 만들어내고 군중의 분노를
이용해 지지층을 규합하는 것이 훨씬 효과적으로 표를
얻는 방법이라는 것을 정치인들은 잘 알고 있다. 가장 효
과적으로 내부 결속력을 다지는 방법 중 하나는 공통된
외부의 적을 만드는 것이다. 금속 로봇이나 알고리즘보
다는 실재하는 이웃을 적으로 돌리는 것이 더욱 직관적
이며 비난의 화살을 날릴 과녁도 명확해진다.

안타까운 것은 지난 두 세기 동안 세계화를 진두지휘

했던 강대국들에 의해 다시금 세계화의 흐름이 역행하려 하고 있음에도 개발도상국은 속수무책이라는 점이다. 선진국에 비해 힘이 없는 국가들은 국제사회에서 협상력을 가지지 못한다. 선진국은 해외에 진출한 생산기지를 본국으로 돌릴 선택권이 있으며, 제조업을 제외하고도 여러 고부가가치 산업을 보유하고 있다. 그러나 개발도상국은 이들이 본국으로 귀환하겠다는 결정을 내렸을 때 내세울 수 있는 대안이 없다. 《사다리 걷어차기》의 저자 장하준 교수는 선진국들이 보호주의로 유리한 고지를 선점한 후 개발도상국에는 세계화 및 자유무역을 종용하는 위선에 대해서 고발하는데, 모두 함께 생각해볼 문제다.

세계화는 의자 앉기 놀이와 비슷하다. 파이가 커질 때는 모두 음악에 맞춰 춤을 추지만 음악이 끝나는 순간, 의자에 앉지 못하는 패자가 결정되고 이는 보통 개발도상국이다. 만약 보호무역주의가 다시 확산된다면, 가장 많은 피해를 입는 것은 역시 개발도상국이다. 게다가 나날

이 발전하는 자동화 및 인공지능 기술은 의자 수를 점점
줄이고 있고, 후발주자로 나선 국가들은 이러한 기술적
변화에 취약할 수밖에 없다.

___
브렉시트와 트럼프 당선은
변화의 징조인가

그렇다면 세계화는 바쁨과 어떤 연관이 있는가. 오늘
날 대다수 국가가 세계화 진영의 깃발 아래 있다는 것은
바쁨의 강제력 하에 있다는 뜻이다. 이전에 언급했던《거
울 나라의 앨리스》속 붉은 여왕 이야기를 다시 떠올려보
자. 주변 환경이 급속도로 변하고 있기 때문에, 앨리스는
아무리 움직여봤자 제자리에 정체된 상태다. 앨리스가
조금이라도 앞으로 나아가기 위해서는 남들보다 두 배는
빨리, 죽도록 달려야 한다고 붉은 여왕은 말한다.
　이처럼 국경 없는 세계를 무대로 경쟁하는 상황에서

정체는 곧 죽음이다. 경쟁은 경쟁을 낳고 지구본은 그 어느 때보다 빠른 속도로 회전하고 있다. 이러한 경쟁 심화 및 가속화가 과거에는 글로벌 기업의 전유물로 여겨졌지만 이제는 국가와 개인에게도 해당하는 일이 되었다. 바쁨의 경주에 뒤쳐져 성장을 게을리한 나라는 세계화 먹이사슬의 밑바닥에 위치해 국제사회에서 영영 협상력을 가지지 못할 것이다. 평범한 개인은 이웃나라에서 건너온 이민자 혹은 로봇에게 일자리를 넘기는 처지를 면할 수 없다.

　게다가 세계화가 영향을 미친 것은 무역으로 인한 경제적 부분뿐만이 아니다. 문화적 관념도 그 대상에 포함된다. 특히나 제국주의를 거치며 서구 열강의 사고방식이 개발도상국에 급속히 전파됐는데, 이때 서구는 이미 청교도 정신과 자본주의로 무장한 바쁨의 사제들이었다. 무력으로 지배를 시작한 열강은 식민지에 서서히 "바쁨은 선이요 게으름은 악"이라는 관념을 주입했는데, 이는 지배를 정당화하기 위한 명분이었다.

다시 현재로 돌아와서, 브렉시트가 현실화되고 트럼프가 대통령이 되는 이때, 과연 반反 세계화 목소리가 바쁨의 엔진을 멈출 수 있을까? 이 질문 앞에서 무척 회의적인 기분이 든다. 이미 우리는 세계화라고 적힌 줄을 각자의 다리에 묶고 서로 의지하며 같은 운동장을 뛰고 있다. 2인 3각을 해본 사람은 알겠지만 한 사람이 움직이면 다른 사람은 어쩔 수 없이 따라야 한다. 반反 세계화로 집단을 이탈하려는 움직임은 있겠지만, 이제 세계화의 줄은 너무도 복잡하게 얽혀 있어 풀래야 풀 수 없다. 또한 과거의 사례들은 보호무역주의가 처참히 실패했음을 보여준다. 정치적·민족적 불협화음은 있겠지만 이제 세계화는 거스를 수 없는 거대한 경제 시스템을 구축했고, 지구본은 빠르게 돌아가고 있다. 이러한 흐름 속 바쁨은 모두에게 피할 수 없는 의무이자 강제다.

#2

'나 이렇게
바쁜
사람이야'

바빠서 정신이 없다는 말속에는 '나를 찾는 곳이 이렇게나 많으니 나는 무척 쓸모 있는 인간이다'라는 은근한 과시가 내포되어 있다.

———————

안부를 묻는 인사말은 "잘 지내니" "뭐하고 사니" "밥은 먹었니" 등 다양하다. 그런데 언제부터인가 자주 쓰이는 표현이 있다. 바로 "요새 바쁘니"다. 만약 이 질문에 "아니, 사실 엄청 한가해"라고 답하면 왠지 별 볼 일 없는 사람으로 보일 것 같아 무의식적으로 바쁘다고 둘러댄 경험이 한 번쯤 있을 것이다. 또한 잘 지내냐는 지인의 물음에 바쁘다고 투덜거리면서 내심 은근한 만족감을 느끼는 경우도 있다. 현대사회에서 바쁨은 황금빛 훈장이다.

소스타인 베블런*Thorstein Veblen*은 《유한계급론》에서 생계를 위해 노동을 하지 않아도 되는 부자들, 이를 테면 건물주 같은 유한계급은 각종 여가를 즐기며 상류층의 지위를 뽐낸다고 주장했다. 19세기까지는 분명 그러했다. 상류층은 자신의 지위를 뽐내며 여유를 즐기고 사치품으로 몸을 치장했다. 상류층이 여가를 향유하는 사이 궂은 일은 온통 하류층이 담당해야 했기에 바쁨은 늘 가난한 자의 몫이었다.

하지만 상황이 완전히 뒤바뀌었다. 바쁨은 한때 고된 노동으로 여가를 즐길 여유가 없는 하류층의 숙명이었지만, 지금은 오히려 상류층의 지위를 나타내는 징표가 됐다. 절대소득이 늘어나며 명품은 더 이상 예전만큼의 희소가치가 없어졌음에도 바쁨은 여전히 자신의 사회적 지위를 은밀하게 뽐낼 수 있는 수단이다. 바쁘다는 것은 그를 필요로 하는 수요처가 많다는 뜻이며, 바쁜 사람은 희소가치를 가지는 중요한 인물이라는 인상을 준다.

이것은 매우 눈여겨볼 만한 변화인데, 생산이 과시의 수단으로 사용된 시기는 인류 역사상 전무후무하다. 역사적으로 인간의 과시적 욕망을 충족시켜주는 주된 수단

은 소비였다. '누가 더 과감히 낭비할 수 있는지'가 신분의
척도였다. 하지만 과시의 행태는 생산으로까지 전이되
어, 바쁨은 '과시적 생산'의 시대에 요구되는 새로운 역량
으로 자리매김했다. 바쁨이 이렇게 각광받는 것은 분명
이전에는 존재하지 않던 양식의 사회적 선호다.

한편, 한때 광고업자들은 '푸른 바다 앞 선베드에 누워
그윽하게 석양을 바라보는 장면'처럼 여가에 관한 이미지
를 상류층의 기호로 이용해 소비심리를 자극했다. 그러
나 20세기가 되고 지식노동의 형태가 보편화된 이후 바
쁨이 상류층의 기호로 둔갑하자, 멋진 정장을 갖춰 입고
고급 시계를 차며 바쁘게 일하는 비즈니스맨이나 커리어
우먼이 광고에 등장하기 시작했다. '세련되고 성공한 프
로페셔널이란 곧 바쁜 사람'이라는 인식이 대중 미디어에
의해 전파되며 바쁨의 지위는 기호로 격상된다.

이러한 가설을 뒷받침하는 흥미로운 사례가 있다. 미
국 콜롬비아 경영 대학*Columbia Business School*에서 바쁨과 사

회적 지위에 대한 사람들의 인식을 알아보기 위해 다음
과 같은 실험을 했다. 실험 참가자들은 두 그룹으로 나뉘
어 35세 남자 제프에 관한 설명을 듣는데, 그룹마다 들려
주는 내용이 다르다. A 그룹에는 이렇게 말한다. '제프는
달력에 늘 일정이 있는 바쁜 사람이다.' 반면 B 그룹에는
이렇게 묘사한다. '제프는 일을 하지 않고 여가가 넘치는
삶을 즐긴다.' 이 두 그룹에게 제프의 사회적 지위를 측
정하는 점수를 매기게 했더니, A 그룹이 압도적으로 높
은 결과를 보였다. 이는 19세기 베블런이 주장한, 여가는
상류층이 즐길 수 있는 사치라는 생각과는 정반대의 결
과다.

　또 다른 실험에서는 A와 B 두 그룹에게 35세 여자 앤
에 관한 설명을 한다. 이때 A 그룹에는 앤이 핸즈프리를,
B 그룹에는 앤이 헤드폰을 쓰고 있다고 묘사한다. 실험
참가자들이 평가한 앤의 사회적 지위는 어느 그룹에서
더 높게 나타났을까. 바로 A 그룹이다. 왜냐하면 외부와

의 접촉을 차단하고 듣기에만 집중하는 헤드폰보다 멀티
태스킹을 하는데 용이한 핸즈프리를 쓴다는 것은 그 사
람이 바쁘다는 것을 암시하기 때문이다. 물건은 누군가
의 습관과 바쁨의 정도를 간접적으로 나타내는데, 이는
사람의 사회적 지위가 물건에 근거해(가격이 아닌 바쁨의 수준으로)
평가될 수 있음을 보여주는 사례다.

　마지막 실험은 참가자들을 A, B, C 세 그룹으로 나누고
35세 남자 매튜라는 인물을 소개한다. A 그룹에는 온라
인 쇼핑, B 그룹에는 가격대가 높은 유기농 식품매장, C
그룹에는 일반적인 대형마트를 이용하는 매튜의 모습을
보여준다. 이들에게 매튜의 사회적 지위를 추론하게 했
더니 흥미롭게도 유기농 제품을 애용하는 모습을 본 B 그
룹과 온라인 쇼핑을 이용하는 모습을 본 A 그룹이 사회적
지위에 대해 비슷하게 평가했고, C 그룹은 예상대로 낮
은 점수를 줬다. B 그룹은 매튜가 비싼 유기농 식품을 이
용하는 모습을 봤으니 상식적으로 높은 점수를 부여하는

것이 맞지만, A 그룹은 대체 왜 높은 점수를 줬을까? 이는 '온라인 쇼핑은 직접 쇼핑할 시간이 없는 바쁜 사람들에게 적합한 소비 양식'이라는 인식 때문이다. 즉 A 그룹은 매튜의 지위를 평가하는 데 있어 '온라인 쇼핑 → 바쁨 → 사회적 지위가 높음'이라는 사고를 거친 것이다.

콜롬비아 경영 대학의 실험을 통하지 않아도 바쁨이 일종의 지위를 판별하는 기호로 작용하는 모습을 주변에서 종종 목격할 수 있다. 예를 들어 짝짓기 시장을 살펴보자. 아주 바쁜 남성과 무척 한가한 남성 중 여성에게 선택받을 확률이 높은 쪽은 대개 전자다. 진화심리학에 의하면, 여성은 자신의 생존과 유전자 번식에 도움이 되는 남성을 선호하고, 그로부터 원활한 자원의 공급을 기대한다. 따라서 과거에는 사냥에 능해 식량을 수월하게 제공할 수 있는 강인한 신체를 가진 남성이, 오늘날에는 사회경제적 지위가 높은 '능력 있는 남성'이 인기가 많다. (물론 건강한 신체를 가진 남성은 여전히 매력적이지만, 현대사회에서 남성이 더 많은 자원을 획득할 힘은 대개 외모보다는 사회경제적 지위로 판가름 난다.)

　이를 뒷받침하는 근거는 다음과 같다. 진화심리학자 데이비드 버스*David Buss*가 37개 광범위한 문화권을 대상으로 시행한 연구에 따르면, 남성보다 여성이 배우자의 경제력을 중요하게 여기는 경향이 뚜렷했다. 여성이 배우자를 선택할 때 고려하는 중요한 요소는 경제력, 야심, 성실성 등 오늘날 '능력 있는' 남성을 나타내는 특징이었다. 그런데 일반적으로 여성들이 선호하는 사회경제적 지위가 높은 능력 있는 남성(이는 때때로 '존경할만한 남성' '자기 일 열심히 하는 남성' 등의 표현으로 치환되기도 한다.)은 사실 대부분 평균 이상으로 바쁜 사람들이다.

　한편, 남녀 사이를 지속하는 데 있어 꾸준한 정서적 교류가 중요하기 때문에 이런 역할을 수행할 여유가 없는 바쁜 남성에게 불만을 느끼고 결국은 관계가 끝나버리는 경우도 왕왕 있다. 여자에게 나쁜 남자보다 더 나쁜 것은 '바쁜 남자'라는 말도 있지 않은가. 하지만 바쁜 남성

124

이 기피대상임에도 불구하고, 역설적이게도 이러한 바쁜
남성들이 다른 수컷들과의 짝짓기 경쟁에서 우위를 점하
는 것을 우리는 자주 목격한다. 예를 들어 짝짓기 시장에
서 일반적으로 선호되는 남성의 직업군, 즉 의사나 법조
인 등 고소득 전문직을 가진 사람은 대부분 강도 높은 노
동을 하는 바쁜 사람들이다. 즉, 바쁨은 짝짓기 시장에서
도 지위를 판별하는 기호로 기능하고 있는 것이다.

"요즘 바빠서 죽을 맛이야"라는 말에 담긴 자기 과시

바쁨은 어쩌다 강제성을 지닌 '지위를 드러내는 기호'
가 됐을까. 한 가지 생각해 볼 수 있는 이유는 높아진 계
층 이동성이다. 세계 경제가 저성장에 접어들기 전, 특히
자본주의 황금기로 불리는 20세기 중·후반에는 바쁘게
열심히 살면 바쁨의 주체가 계층의 사다리를 올라갈 확

률이 높았던 시기였다. 따라서 바쁘게 사는 사람을 보면
이 사람의 지위가 미래에 으레 상승할 것으로 기대했기
에, 바쁨은 일종의 성공으로 가는 보증수표처럼 여겨졌
다. 자신보다 바쁘게 사는 사람을 보면서 '저 사람은 이미
성공의 트로피를 향해 손을 뻗는데 나는 정체되어 있구
나'라고 느껴 불안에 휩싸이고 스스로에게 바쁨의 채찍질
을 하던 습관이 현재까지 계속되는 것이다.

　게다가 타인과 자신을 구분 지으려는 인간의 습성도
바쁨의 강제와 기호화에 한몫한다. 자신의 지위를 드러
내는 가장 단순한 방법은 사치품을 사서 재력을 과시하
는 것이다. 명품이나 스포츠카를 사는 사람들의 심리에
는 "나는 다른 사람과는 달리 이 정도 물건쯤은 구매할만
한 경제력을 가지고 있어"라는 우월감이 깔려 있다. 여
기서 좀 더 고도화된 형태는 취향인데, 피에르 브루디외
*Pierre Bourdieu*는 《구별짓기》에서 문화적 취향이 계급을 구
분 짓는 중요한 사회적 기호가 될 수 있음에 주목했다. 지

금은 많이 대중화된 풍경이지만, 잔디가 상류층의 상징이었던 때가 있었고 푸른 잔디에서 골프를 치는 것은 소수 상류층만의 사교 문화로 여겨지던 시절이 있었다. 이때 골프라는 취향은 상류 사회의 소도구로써 기능한 것이다.

바쁨은 가장 고도화된 은밀한 방식으로 자신의 지위를 드러내는 데 사용된다. 바빠서 정신이 없다는 말속에는 "나를 찾는 곳이 이렇게나 많으니 나는 무척 쓸모 있는 인간이다"라는 은근한 과시가 내포되어 있다. 현대인은 바쁨을 통해 자신의 존재 유용성을 증명한다. 사치품과 취향에도 급이 생기고 경쟁이 붙듯이, 현대인의 바쁨에도 경쟁적인 면모가 보인다. 예를 들어, SNS에 야근이나 휴일 근무처럼 바쁨을 상징하는 게시물을 올리는 사람의 심리는 표면적으로 신세 한탄과 동정심 유발같아 보이지만, 사실은 과시적 생산이라고 보는 것이 더 정확하다. 마치 누가 더 가치 있는 인간인지 뽐내듯이, 바빠 죽겠다고 하는 한편 '바쁠 수 있는 능력'을 과시하며 어깨에 힘을 주는 것이다. 이러한 바쁨의 경쟁에서 뒤처진 사람은 상대적으로 덜 중요한 사람이 되고 무능한 사람으로 보일 수 있는, 바쁨 권하는 사회에 우리는 살고 있다. 사회적 동물인 인간에게 바쁨은 강제다.

#3

쉴 새 없이
울리는
카톡 감옥

업무가 끝난 후에도 쉴 새 없이 울리는
회사 단체카톡은 '카톡 감옥'이라는 말이
생겼을 정도로 엄연한 폭력이다.

2천 617번. 디스카우트(*Dscout*, 소비자 행동 양식을 주로 연구하는 기관)
가 조사를 통해 밝힌 '현대인이 하루에 스마트폰을 터
치하는 평균 횟수'라고 한다. 또한 미국 미시간 대학
*University of Michigan*과 캘리포니아 주립대학*California State*
University 등의 연구에 의하면, 아무런 알림이 없는데도 휴
대폰의 진동을 느끼는 '유령 진동 증후군'은 현대인이 겪
는 보편적인 증상이라고 한다. 인터넷과 스마트폰 같은
디지털 기술의 발전은 분명 인간의 삶에 획기적인 변화
를 가져왔고 필수가 됐다. 단언컨대 인터넷과 스마트폰
은 불, 총, 자동차처럼 인류의 역사를 바꾼 굵직한 발명품
들과 어깨를 함께할 것이다.

하지만 디지털의 확산은 19세기부터 시간을 계량적으로 측정하는 시계가 퍼진 이후, 20세기와 21세기에 걸쳐 사람들의 삶을 가속화시키는 데 주요한 역할을 했다. 디지털은 끊임없이 주의를 분산시키고 사람들에게 무언가를 인식하거나 행동하게끔 유도한다. 당신이 놓치고 있는 메시지나 뉴스가 없는지, 남는 시간에 무엇을 해야 하는지, 동시에 얼마나 많은 일을 할 수 있는지…. 디지털의 시간은 여백이 없으며 쉴 틈을 주지 않는다.

디지털은 어떻게 바쁨을 강제하는가. 우선 단축된 의사소통 시간을 들 수 있다. 예를 들어 편지는 예로부터 물리적으로 떨어져 있는 사람과 소통하기 위해 요긴하게 사용되는 수단이었다. 비록 팩스나 전화의 발명으로 입지가 줄어들기는 했지만, 편지는 문자의 발명과 역사를 거의 같이할 정도로 오래됐기에 20세기 말까지 주요한 소통 수단 중 하나였다. 하지만 인터넷과 이메일의 발명은 편지의 지위에 치명적인 위협을 가했다. 이로 인해 줄

어든 것은 우체국 수뿐 아니라 사람과 사람 사이 의사소
통에 걸리는 시간이었다.

편지를 주고받던 시절 수신자가 우편물을 받기 위해서
는 최소 하루에서 최대 몇 주까지 걸리는 것이 일반적이
었다. 따라서 편지를 주고받는 것은 다소 느리고 긴 호흡
의 대화였고, 편지 수신자는 충분한 시간을 두고 답신을
고민해서 보내고는 했다. 연애편지를 주고받은 적이 있
는 사람이라면 기억할 것이다. 설레는 마음을 전하기 위
해 수차례 문장을 고쳐 쓰고, 답신이 언제 올까 발을 동동
구르던 아름다운 기다림을.

하지만 이메일이 편지를 대체하며 이러한 기다림은 사
치가 됐다. 이메일은 발송 버튼을 클릭하는 순간, 즉각 수
신자에게 전달되며 수신자는 바로 답장 버튼을 클릭해야
할 것 같은 무언의 압박을 느낀다. 게다가 휴대폰이 보급
되며 언제 어디서나 소통할 수 있다는 명분이 생겼고, 의
사소통에 드는 시간은 더욱 단축됐다. 심지어 스마트폰

이 보급되고 MIM(*mobile instant messenger,* 카카오톡과 같은 채팅앱)이 소통의 주요 수단으로 자리 잡으며 사람들은 수신자가 메시지를 읽지 않았다는 표시인 숫자 1을 수시로 확인하고 조급함을 느끼는 상황에 이르렀다. 디지털로 인해 의사소통 사이 마련됐던 여백의 시간은 자취를 감췄고, 사람들은 은근한 기다림을 견딜 수 없게 됐다.

게다가 의사소통 시간의 단축은 노동을 직장에서 일상생활까지 전이하는 역할을 한다. 업무가 끝난 후에도 쉴 새 없이 울리는 회사 단체카톡은 '카톡 감옥'이라는 말이 생겼을 정도로 엄연한 폭력이다. 그럼에도 불구하고 편의성을 핑계로 디지털 기기를 이용한 노동의 연장은 공공연히 일어나고 있으며, 이것에 노출된 사람들은 군대의 5대기, 즉 '5분 전투대기 부대'처럼 언제 일이 주어져도 즉시 대응해야만 한다는 스트레스를 항상 받는다.

물은 셀프, 주유소도 셀프,
기업 마케팅을 위한 노동도 셀프

다음으로 그림자 노동에 대해 살펴보자. 크레이그 램
버트Craig Lambert는 《그림자 노동의 역습》에서 이 주제에
대해 상세히 다뤘는데, 그림자 노동이란 임금을 받지 않
고 하는 모든 일을 말한다. 저자는 기업이 인건비 절약을
위해 요구하는 그림자 노동의 강도가 현대사회에서 교묘
하게 강해지고 있다고 주장한다. 식당에 붙어있는 문구
인 '물은 셀프' 정도는 익숙하지만, 이제는 패스트푸드점
이나 공항에서 키오스크(무인 단말기 시스템)로 직접 일을 처리
하고, 셀프 주유소에서 기름을 채우며, 마트에서 쇼핑한
뒤 소비자가 스스로 박스에 물건을 담고, 집에서는 직접
가구를 조립한다. 이는 모두 기업의 비용 절감을 위해 소
비자에게 은밀히 떠넘겨진 그림자 노동의 사례다.

특히나 디지털은 소비자에게 자발적인 그림자 노동

을 하도록 장려한다. 정보화 시대에 데이터는 일종의 자원이고, 소비자의 그림자 노동은 거대 기업의 자원 축적으로 사용된다. 인터넷 플랫폼은 고객에 대한 정보를 모으고 세분화하여 자사의 비즈니스에 사용하는데, 얼마나 정교하고 많은 데이터를 구축하는지가 승패를 가른다. 이때 정보를 수집하는 대표적인 플랫폼 주체는 크게 검색엔진, 전자상거래 시스템, SNS 그리고 MIM으로 나눌 수 있다. 이 중 페이스북은 정말 기막힐 정도로 그림자 노동을 잘 유도하는 장사꾼이다.

지금은 페이스북이 많은 사용자와 기업 간의 제휴를 바탕으로 미디어 역할을 하고 있지만, 페이스북의 본질은 사용자들이 스스로 콘텐츠를 만들고 온라인에서 사회화(좋아요, 친구 추가 등)하는 플랫폼이다. 이 과정에서 사용자들이 올리는 콘텐츠와 온라인 사회화 행태는 페이스북의 데이터 센터에 저장되고, 그 결과는 광고 수익이라는 형태로 막대한 이윤을 창출하는데 이용된다. 데이터가 21

세기의 새로운 천연자원이라면 페이스북은 소비자가 스스로 작업복을 입고 광산에서 노동을 하게끔 만드는 셈이다.

한 손에는 햄버거,
다른 손에는 컴퓨터 마우스

마지막으로 멀티태스킹에 대해 고민해볼 필요가 있다. 디지털은 시공간적 제약을 파괴하며 사람들에게 동시에 가능한 많은 일을 하는 멀티태스커가 될 것을 요구한다. 가령 핸즈프리를 낀 채 통화하며 운전하는 것, 햄버거를 먹으며 컴퓨터로 일하는 것, 화장실에서 볼일을 보며 스마트폰으로 뉴스 보는 것, 빠른 속도로 웹과 앱을 오가며 스마트폰을 사용하는 것, TV를 시청하며 수시로 스마트폰을 들여다보고 메시지를 주고받는 것들은 모두 디지털이 확산된 이후 보편적으로 행해지는 멀티태스킹이다.

멀티태스킹을 하는 사람들은 흔히 자신이 효율적으로 일을 처리한다고 생각하는데, 이는 명백한 오해다. MIT 대학의 뇌신경학자 얼 밀러*Earl Miller*에 의하면 우리 뇌는 한 가지 일을 처리하도록 설계되어 있다. 사람들이 자기가 멀티태스킹을 수행한다고 착각할 때, 실은 뇌가 A에서 B라는 일을 하도록 매우 빨리 전환할 뿐이며, 매 순간마다 새로운 업무를 인식하고 전환하는 비용이 든다. 만약 자리에서 햄버거를 먹으며 스마트폰으로 친구와 메시지를 주고받고 동시에 컴퓨터로 업무를 하는 경우, 뇌가 빠른 속도로 각 행동을 인식하고 명령을 내리는 과정이 반복되고 이는 비효율성을 낳는다는 것이다. 따라서 디지털이 강요하는 멀티태스킹은 뇌의 과부하를 야기하고, 업무의 효율을 저하시킨다. 나눠서 하면 100의 에너지를 소비할 A와 B라는 일을 동시에 하면 전환 비용을 포함해 120의 에너지가 소비되고, 이는 일을 하는 주체로 하여금 피로를 느끼게 한다.

우리는 촘촘한 비트 단위의 디지털 시간 속에서 살고 있다. 디지털 시간 속에 여백은 존재하지 않으며 인간은 마치 기계처럼 항상 스위치를 켜둔 상태가 되기를 명령받는다. 인공지능을 필두로 한 디지털 기술의 발달은 더욱 거세게 삶을 가속화시키고 집에서, 자동차에서, 직장에서 우리의 삶을 잠식할 것이다. 대부분의 사람이 인터넷을 쓰고 스마트폰을 사용하는 시대에 사회적 동물인 인간이 나 홀로 디지털을 거부할 수 있을까. 《월든》의 저자 헨리 소로Henry Thoreau처럼 숲에서 혼자 생활하지 않는 이상, 우리는 생활 곳곳에 침투한 디지털을 피할 수 없다. 디지털 시대에 바쁨은, 역시 강제다.

4부

바쁨의 미래

#1

역사에 남을
중대한
변곡점

앞으로 수십 년간 우리는 극단적인 바쁨의 양극화를 목격할 것이고, 이는 바쁨의 역사에 무척 중대한 변곡점으로 남을 것이다.

지금까지 현대인이 얼마나 바쁘게 사는지, 바쁨은 어떻
게 만들어졌는지, 왜 바쁨은 강제인지에 대하여 살펴보
았다. 각 논점을 간략히 요약하자면 다음과 같다.

· 현대인의 시간관은 지나치게 미래에 치우쳐져 있고,
  바쁨은 만성적이다.
· 여가는 본래 비워냄을 뜻하는 뺄셈의 형태였지만 이
  제는 일의 연장선상에 놓여 있거나 목적이 있는 덧
  셈의 여가가 되었으며, 때로는 과시를 위한 수단으로
  변질됐다.
· 여성은 단시간에 사회적·경제적 지위의 상승을 경험

했지만, 완벽한 엄마인 동시에 완벽한 사회인이 될 것을 요구하는 기대 속에서 더욱 가속화하는 삶을 살게 되었다.

· 현대인은 대개 '정체된 질주(사색과 여백, 목적의식 없이 하루를 바쁘게 살아내는 상태)'를 하는 경향이 있는데, 이는 불안에 대한 방어기제다.

· 19세기 열차의 발달로 시간을 계량적으로 측정하는 시계의 확산 및 시간의 표준화가 진행되며 시간은 규율화됐다.

· 시간을 인식하는 방식이 '사건의 시간'에서 '시계의 시간'으로 바뀐 것은 바쁨의 확산에 기여했다.

· 신의 권위를 등에 업은 종교는 근면과 금욕을 강조했고, '시간 낭비는 죄악'이라는 인식을 퍼뜨렸다.

· 돈은 신의 뒤를 이어 삶의 가속화를 부채질했다. 돈을 모으는 것에 대한 강박적인 집착은 바쁨의 주요 동인이다.

· 생산성 만능주의 속에서 인간은 점차 빠른 기능을 수
  행하도록 설계된 반도체 칩처럼 변해가고 있다.

· 현대인의 바쁨은 성과를 내기 위해 과도하게 스스로를
  채찍질하는, '지배 없는 자기 착취'의 형태를 보인다.

· 삶이 가속화되며 점차 바쁨은 선택이 아닌 의무이자
  강제가 된다.

· 세계화로 경제 시스템이 통합되는 과정에서, 청교도
  정신 및 자본주의로 무장한 서양에서 형성된 바쁨에
  대한 인식 체계가 동양에 급속히 전파됐다.

· 바쁨은 사회적 지위를 나타내는 척도가 됐으며 자신
  이 얼마나 쓸모 있고 바쁜 사람인지 보여주기 위한
  경쟁의 양상을 보이기도 한다.

· 디지털은 의사소통의 단축, 그림자 노동, 멀티태스킹
  의 확산을 야기하며 삶을 가속화한다.

1퍼센트의 엘리트와 99퍼센트의 나머지

앞서 다룬 내용이 주로 바쁨에 관한 현상 파악과 원인 분석이었다면, 앞으로는 전망 및 대안에 대해서 논의할 것이다. 바쁨의 미래는 무엇일까. 간단히 말하면 양극화다. 바쁨의 정도는 계층에 따라 극명하게 갈릴 것인데, 이는 기존에 나타나던 바쁨의 양상과는 사뭇 대조적인 형태를 지닐 것이다.

기존의 바쁨은 '바쁨은 옳다'라는 구호하에 사람들을 하나로 규합하며 바쁨의 행군에 동참할 것을 요구했다. 바쁨의 강도 및 세력은 점차 강해졌고, 사람들은 모두 인생의 나침반을 미래에 맞춘 채, 부단히 행군을 이어나갔다. 하루 24시간 제한된 시간 속에서, 의무 생활시간(일, 교육 등)을 늘리고 잠과 여가를 줄이는 것이 공통의 선으로 받아들여졌다. 사람마다 정도의 차이는 있겠지만 대부분의 현대인이 일반적으로 겪는 증상은 무언가에 쫓기는 것처럼 삶이 여유가 없고 바쁘다는 점이다. 여태껏 바쁨은 보편적인 속성을 가졌다.

하지만 이제 거대한 변화가 시작되고 있다. 데이터와 인공지능을 주축으로 한 자동화 기술의 발전은 신과 돈의 출현 이후 바쁨의 역사에서 가장 중요한 역할을 할 것이다. 바쁨은 더 이상 보편성이 아닌 선별성을 지닐 예정이다. 바쁜 사람과 바쁘지 않은, 혹은 바쁠 수 없는 사람에게 마련될 시간의 밀도는 상당한 차이를 보일 것이다. 그동안 '바쁨은 옳다'라는 일치된 믿음으로 다 같이 의무생활시간을 늘려왔던 인간은 자동화 때문에 자발적으로든 비자발적으로든 엄청난 여가를 얻게 될 것이다. 문제는 그동안 너무나 바쁘게 사느라 쉬는 법을 잊은 현대인 대다수가 자신들에게 주어질 엄청난 수준의 시간적 여유를 어떻게 보내야 할지 모를 것이라는 점이다.

앞으로 출현할 세 가지 계급은 다음과 같다. 바쁨을 자유자재로 통제하고 막대한 부를 소유한 1퍼센트의 초엘리트. 기존 수준의 사회적·경제적 지위를 유지하기 위해서 교육이나 노동과 같은 생산활동에 매진하며 더욱 바쁜 삶을 살 50퍼센트의 평범한 사람들. 그리고 기계에 비자발적으로 바쁨을 뺏길 나머지 절반의 잉여인간들. 과연 이 수많은 잉여인간은 무엇을 해야 할까. 애석하게도 이들은 현대 사회에서 생산자와 소비자로서의 역할을 상실하게 될 것이고, 사회학자 지그문트 바우만Zygmunt Bauman의 과격한 표현을 빌리자면, 그 누구에게도 환영받지 못하는 '쓰레기'로 전락할 위험에 처해 있다. 앞으로 수십 년간 우리는 극단적인 바쁨의 양극화를 목격할 것이고, 이는 바쁨의 역사에 무척 중대한 변곡점으로 남을 것이다.

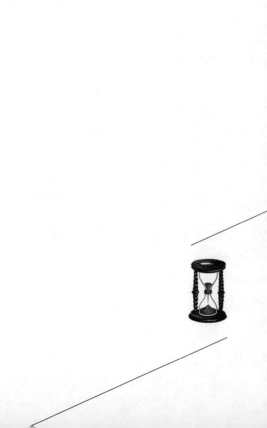

#2
두 가지 선택지,
워커홀릭
또는 실업자

실제로 인간 고유의 공감, 소통, 창의력이 요구되는 일부 분야를 제외한 나머지 대다수 일은 기계에 의해 대체될 수 있다고 공신력 있는 수많은 기관이 전망한다. 기계와의 대결에서 역사적으로 인간은 늘 한계를 드러냈다.

하루 24시간 중 수면 시간을 제외하고 현대인이 시간을
가장 많이 쏟는 것은 단연코 일이다. 노동계와 정치권의
노력으로 주당 근무 시간이 예전보다 줄어들었지만, 여
전히 많은 현대인은 가정보다 일터에서 더 오랜 시간을
보낸다. 따라서 노동에 대한 역사와 고찰은 바쁨을 이해
하는 데 필수다. 미래의 일과 바쁨의 앙상블은 기존과 무
척 다른 형태를 보일 텐데, 그전에 우선 일과 바쁨이 어떻
게 진화해왔는지 살펴보자.

　600만 년 인류사를 1년으로 압축할 경우, 12월 31일 오
전 6시에 이르러서야 인류는 농경생활을 시작한다. 산업
혁명이 시작된 것은 12월 31일 11시 40분이다. 즉, 대부분

의 시간 동안 인류에게 일은 생존을 위한 수렵채집 활동이 전부였다. 자급자족을 통해 기본적 욕구를 충족할 경우 추가적 노동은 필요하지 않았다. 이 당시 일을 통해 느끼는 바쁨은 일시적이고 단편적인 속성을 가진다.

하지만 약 1만 년 전부터, 농업혁명과 함께 인류가 정착생활을 하기 시작하면서 일을 통한 바쁨의 속성은 변화한다. 밭을 갈고 씨를 뿌리고 잉여 생산물을 저장하는 것이 가능해지면서 일은 좀 더 규율화됐고 지속성을 가지게 됐다. 이때부터 먹을 것이 풍부해지고 내일의 생존에 대한 확신이 생기며 인류의 시간관은 조금씩 미래로 치닫기 시작했다. 그리고 일을 통한 바쁨이 스멀스멀 자라기 시작했다. 하지만 이 당시 노동의 주류였던 농업은 자연의 영향을 많이 받았기에 바쁨의 정도가 지나치지 않았다. 씨를 뿌리고 수확의 계절이 지나면 겨울에는 사람들이 일을 할 수가 없기에 휴식을 취했다.

일과 바쁨의 속성은 약 600년 전, 중대한 변화를 맞게 된다. 15세기 인클로저 운동이 시작된 이후 토지에 울타리가 둘러지고 사람의 노동력이 거의 필요하지 않은 모직산업이 발달하며 농민들은 점차 도시로 쫓겨났다.《유토피아》를 쓴 토마스 모어*Thomas More*는 당시 상황을 두고 "양이 사람을 잡아먹는다"고 표현했다. 18세기 산업혁명이 촉발되고 공장에서 일하는 임금 노동자들이 늘어나며 일은 곧 생활이 됐다. 대량 생산을 통해 양산된 것은 공산품뿐만이 아니었다. 바쁨도 함께 쏟아져 나왔다. 당시에는 남자, 여자, 어린아이 가릴 것 없이 잠자는 시간을 제외한 하루의 대부분을 일하면서 착취당했다. 이 당시의 일은 바쁨의 촉매제가 됐고 강제적인 속성을 가졌다.

비인간적인 착취를 견디지 못한 노동자들은 19~20세기에 걸쳐 노조를 결성했고, 투쟁을 통해 합법적 조직으로 인정받으며 상당한 처우개선을 이끌어냈다. 주 40시간 법정 근로시간 등(현재 한국 기준, 2018년 개정된 주 52시간 근로시간은 초과 근무시간 포함) 고용주의 지나친 착취를 법적으로 금하는 제도들이 생기고, 마침내 사람들은 일에서 비롯된 바쁨으로부터 벗어날 수 있을 것처럼 보였다. 그럼에도 불구하고 20세기 이후, 일은 그 어느 때보다 바쁨의 지배를 공고히 했는데 이는 많은 일자리가 육체노동에서 지식노동의 형태로 전환된 것과 여가의 기회비용이 높아진 것 때문이다.

우선 20세기 정보화 시대에 지식노동의 형태가 확산되며 일은 점차 만성적인 행태를 보인다. 육체노동자는 땀 흘려 바쁘게 일한 후, 일터에서 벗어난 순간 일에서 분리된다. 물리적인 연장 및 일터가 없으면 일을 할 수 없기 때문이다. 하지만 지식노동자는 일과 여가를 분리하기 쉽지 않다. 두뇌가 곧 연장이며, 시공간이라는 물리적 제약에서 벗어나 노동할 수 있기에 일상생활이 곧 업무의 연속인 것이다. 게다가 생산성의 계량화가 용이한 육체노동과는 달리, 지식노동의 생산성에는 제한이 없기 때문에 지식노동자를 움직이게 하는 바쁨의 기어는 쉬지 않고 돌아간다.

　높아진 여가에 대한 기회비용 또한 바쁨에 한몫을 한
다. 워커홀릭이나 번아웃 증후군은 상대적으로 고등교육
을 받은 지식노동자에게서 나타나는 질병이다. 대형 로
펌 변호사와 최저임금을 받는 아르바이트생을 비교해보
자. 한 시간을 일하지 않는 대가로 아르바이트생이 포기
해야 할 소득은 7천 530원(2018년 기준)이지만, 로펌 변호사는
수십만 원을 포기해야 한다. 두 사람이 일하지 않고 쉬는
대신 감내해야 할 기회비용은 최대 100배 이상 차이날 수
도 있는 것이다. 쉬는 것은 곧 돈 벌 기회를 놓치고 있다
는 뜻이기 때문에, 높은 소득을 올리는 직종일수록 일하
지 않는 것에 대한 기회비용을 많이 부담하는 셈이다. 일
반적으로 고소득 직종이 오랜 시간 일을 하는 데는 이처
럼 이유가 있다. 20세기 이후의 바쁨을 산업혁명 초기와
비교할 때 가장 다른 점 중 하나는 자발적 속성을 지닌다
는 것이다.

230만 명이 일하던 산업을 대체하기에
34만 명이면 충분하다

인류가 수렵채집 생활을 끝낸 이후 일은 바쁨의 주요 원천으로 입지를 다져왔다. 하지만 이러한 일과 바쁨의 양상은 패러다임의 전환을 앞두고 있는데, 과학기술의 발달로 대다수의 사람들은 점차 일에서 비롯된 바쁨을 비자발적으로 잃게 될 것이다. 인공지능 및 자동화를 필두로 한 기술은 육체노동에 이어 지식 노동자의 영역을 서서히 잠식해나가고 있다. 미래에는 장기 고용을 보장하는 일자리보다는 프리랜서나 파트타임 형태의 유연한 고용이 점점 많아질 것이고, 고용주에 대한 노동자의 교섭력은 약해질 것이다. 실제로 인간 고유의 공감, 소통, 창의력이 요구되는 일부 분야를 제외한 나머지 대다수 일은 기계에 의해 대체될 수 있다고 공신력 있는 수많은 기관이 전망한다.

기계와의 대결에서 역사적으로 인간은 늘 한계를 드러냈는데, 이와 관련된 유명한 일화가 있다. 19세기, 터널 공사에서 드릴이 사용되며 일꾼들이 해고 위기에 몰리자 가장 힘이 셌던 노동자 존 헨리*John Henry*가 나섰다. 그는 기계와 터널 뚫기 시합을 벌여 간신히 승리한다. '역시 기계는 인간을 이길 수 없다'는 해피엔딩으로 끝났으면 좋았겠지만 안타깝게도 그는 이 대결에서 지나치게 기력을 쏟은 나머지 숨지고 말았다. 당시 사람들은 느꼈으리라. 인간이 기계를 이기려면 정말 '죽을 만큼'해야 한다는 것을. 기계는 육체활동을 넘어 체스, 퀴즈, 바둑까지 인간 챔피언을 상대로 승리를 거두며 지적 활동으로 영역을 넓히고 있다.

낙관주의자들은 말한다. 기술 변화는 늘 있었고, 변곡점마다 새로운 일자리가 생기며 기존 일자리를 대체해왔기에 앞으로도 문제없다고. 실제로 농업에서 제조업으로, 다시 서비스업으로 주력 산업이 바뀌는 과정에서 직업 재교육을 받은 사람들은 쉽게 일터를 옮길 수 있었고 전체 고용량도 줄어들지 않았다. 하지만 앞으로의 변화는 기존의 것과는 근본적으로 다르다. 왜냐하면 변화를 주도하는 IT 산업이 전통 산업에 비해 많은 인력을 고용할 필요가 없는 구조고, 직업 재교육의 속도가 변화의 속도를 따라잡지 못하기 때문이다.

4차 산업혁명을 주도하는 IT 기업들은 금융, 운송, 소매 등 광범위한 영역에 걸쳐 파괴적 혁신을 통해 전통 강자들을 위협하고 있다. 그러나 이들은 자동화를 통해 생산성을 극대화하기 때문에 많은 수의 직원이 필요 없다. 세계 최대의 전자상거래업체인 아마존은 월마트*Walmart*가 230만 명을 고용해 지배하던 소매 영역을 단 34만 명의 인력만으로 위협하고 있다. 콘텐츠 공룡이라 불리는 넷플릭스는 한때 8만 명이 넘는 직원들을 보유했던 비디오 시장의 강자 블록버스터*Blockbuster*를 붕괴시켰지만, 현재 고작 3~4천 남짓한 직원 수를 유지할 뿐이다. 테슬라와 우버는 각각 3만 3천 명과 1만 2천 명의 직원을 고용하며, 전기차, 자율주행차, 차량공유 시장을 개척하며 전통 자동차 산업의 판을 흔들고 있다. 참고로 폭스바겐의 직원 수는 63만 명이다. 에어비엔비는 고작 2~3천 명 남짓한 인원으로 전 세계 호텔 산업을 위협하고 있는데, 이에 비해 호텔 재벌 힐튼 그룹은 17만 명을 고용하고 있다. 구글과 페이스북은 각각 9만 명과 3만 명으로 디지털 광고를 양분하고, TV나 신문, 라디오와 같은 전통 미디어 매체는 속수무책으로 이들에게 광고수익을 뺏기고 있다. 인터넷 전문 은행 찰스슈왑은 1만 6천 명을 고용하며 전통적 은행들을 위협하는데, 미국에서 가장 큰 은행 중 하나인 웰스파고의 경우 27만 명이 일하고 있다.

  이런 상황에서 직업 재교육이 대안으로 떠오를 수 있을까. 이마저도 교육 및 숙련도가 상대적으로 낮은 계층에게는 요원해보인다. 예를 들어 20세기 농부는 볼트를 조이는 공장의 노동자로 쉽게 변신할 수 있었고, 이들은 다시 서비스직으로 일할 수 있었다. 하지만 21세기 급변하는 환경 속에서 자율주행 자동차에 의해 대체될 트럭 운전기사, 무인 주문 시스템에 의해 일자리를 잃을 식당 점원, 챗봇(채팅 로봇)에 의해 경쟁력을 상실할 콜센터 직원이 직업 재교육을 받아 수월하게 새 일자리를 얻을 수 있을지 고민해보자. 이들이 코딩을 학습하고 고부가 가치 기술을 자유자재로 다루며 데이터 과학자, 가상현실 디자이너 등의 직업을 가질 수 있을까. 신기술 위주로 새롭게 바뀌는 산업 지형에서 이들이 설 자리가 얼마나 있을까. 회의적인 시각을 가질 수밖에 없다.

결국 승자는 핵심 기술을 보유한 국가 및 기업, 창의성을 발휘해 위기를 기회로 활용할 1퍼센트의 엘리트가 될 것이다. 21세기에 변화의 물결을 주도하는 그룹과 그렇지 못한 그룹의 차이는 마치 18세기에 증기기관을 발명한 영국과 아프리카 소수 민족 간 격차만큼이나 벌어질 것이다. 어떤 이념을 가진 정당이 정치권력을 잡느냐에 따라 정도의 차이는 있겠지만, 선택받지 못한 대다수를 위한 실업급여나 기본소득과 같은 보편적 복지는 점차 확대될 것이다. 그리고 자동화에 서서히 쪼그라드는 고용 시장에서 생존하고 기계보다 나은 생산성을 증명하기 위해, 사람들은 일상에서 바쁨의 출력을 최고치로 끌어올릴 것이다.

바쁘지 않을 여력이 있는 극소수의 엘리트, 기계와의 경쟁에서 살아남기 위해 존 헨리처럼 그 어느 때보다 자신을 극한으로 내몰 보통의 계층, 그리고 일이 없어 비자발적으로 바쁨을 잃게 될 계층. 이것이 우리가 미래에 목격할 일과 관련된 바쁨의 양극화다. 바쁘고 싶어도 바쁘지 못할 잉여인간들이 느낄 무력감과, 턱없이 줄어들 가처분 소득 및 극심한 양극화는 심각한 사회적 문제를 야기할 수도 있다. 미래의 지도자들이 가장 심각하게 고민해야 할 문제는 '이 잉여인간들에게 어떻게 삶의 의미를 부여하고 사회 분열을 막느냐'일 것이다.

\#3

바보를
길러내는
학교

———————

미래에 대한 불확실성 및 고용에 대한
불안정성이 커지면서, 학교를 졸업한 성인들까지도
평생교육에 대한 압박감에 시달리게 됐다.

임마누엘 칸트*Immanuel Kant*는 교육을 두고 '인간을 인간
답게 만드는 작용'이라고 정의한다. 로버트 풀검*Robert
Fulghum*이 쓴 《내가 정말 알아야 할 모든 것은 유치원에서
배웠다》라는 책의 제목처럼, 인간으로서 지녀야 할 기본
적인 소양은 사실 어릴 때 배운다. 하지만 교육의 본질이
인격 성숙의 과정에서 계층 이동의 수단으로 변질되었
고, 교육은 바쁨의 주된 원천이 됐다.

　일반적으로 학생들은 가정에서보다 오랜 시간을 학교
나 학원에서 보낸다. 상위권 대학에 입학하는 것이 그 또
래들에게 주어진 일생 최대의 과제이기에, 이들은 놀고
싶은 욕구를 억누르며 공부하고 바쁘게 사는 것이 미덕

162

이라는 가르침을 받는다. 심지어 불확실한 미래에 대한 불안감 때문에 교육으로 인한 바쁨이 성인들에게도 전이 됐고, 이제 평생교육은 선택이 아닌 필수가 됐다. 일과 더불어 교육에 대한 이해는 바쁨을 고찰하는 데 필수다. 일에서 비롯될 바쁨의 양극화와 함께, 교육과 관련된 바쁨의 격차도 계층에 따라 극명하게 나뉠 것으로 생각한다.

보편적 의무교육이 시행된 것은 불과 200년에 지나지 않는다. 과거에는 체계적인 교육기관의 수가 부족했다. 또한 농경사회에서 가족 구성원이 교육을 받느라 일을 하지 못하면 이는 가계경제에 심각한 손실이었으므로 서민들은 교육에 드는 비용을 감당할 수 없었기에 교육은 선택받은 소수만 누릴 수 있는 혜택이었다. 하지만 19세기 이후, 전 세계적으로 국가 주도의 공교육 제도가 확산되는데 이는 대부분 18세기 고안된 프로이센 교육 시스템에서 비롯됐다.

나폴레옹과의 전쟁에서 패한 프로이센은 18세기 대대

적인 개혁을 선언하고 국가가 주도하는 의무 교육제도를 추진한다. 프로이센 교육 시스템의 주된 목표는 국가에 충성하고 복종하는 시민을 양성하는 것이었다. 당시 상류층 자제들은 비싼 사립학교에서 다양한 학문을 배우고 사고력을 고양할 기회가 있었지만, 공립학교에 다니는 서민들은 주로 상급자에 순종하는 법을 배우며 바보가 되도록 교육받았다.

공교육의 일방적인 지식 전달과 훈육의 결과, 비판적 사고를 할 힘을 잃은 아이들은 군대에서는 상관의 명령에, 공장에서는 관리자의 지시에 고분고분 복종하는 충실한 시민으로 길러졌다. 대중을 효과적으로 통제하고 훈육하는 프로이센 교육 시스템은 미국을 비롯한 열강의 지배 계층에서 전폭적 지지를 얻었다. 따라서 이 교육시스템은 19세기 이후 전 세계로 확산됐고, 일제강점기를 거친 한국도 이러한 흐름에서 예외가 아니었다.

그러던 중 농경사회에서 산업사회로, 다시 정보화 사

회로 주력 산업이 바뀌면서 노동이 세분화되고 지식노동이 확산됐다. 20세기 들어 고등교육에 대한 수요는 폭발적으로 증가했다. 이때 임금 소득은 노동자의 신체적 조건이 아닌 어떤 학위를 보유했는지에 따라 결정됐다. 따라서 좋은 대학에 들어가기 위한 경쟁은 치열해졌고 학력은 상향 평준화됐으며 학생들이 소화해야 할 학습량은 그 어느 때보다 많아졌다. 특히나 우수하지 못한 성적을 적성이 안 맞는 것으로 여기는 서양과는 달리, 이를 본인의 노력 부족으로 탓하는 동양에서 교육으로 인한 바쁨의 심화는 더욱 두드러졌다.

게다가 미래에 대한 불확실성 및 고용에 대한 불안정성이 커지면서, 학교를 졸업한 성인들까지도 평생교육에 대한 압박감에 시달리게 됐다. 무언가를 배우고 계발해야 살아남을 수 있다는 생각이 지배적으로 퍼지면서 사람들은 교육에 집착하고 '끝내지 못한 숙제가 남은 개운치 않은 불안감'을 안은 채 살아가게 됐다. 한국도 20세

기 말 IMF로 인한 대량 실업을 경험한 이후, 그렇지 않아
도 높던 교육열이 성인들에게도 확산됐다. 뒤쳐질지 모
른다는 불안 속, 자기계발의 강박에 시달리며 샐러던트
(*salaryman+student*, 공부하는 직장인)들이 늘어났고, 외국어 점수나
자격증, 대학원 학위 등 교육과 관련된 수요가 많아지며
바쁨이 증폭됐다.

___
대학 졸업장은
기본이 된 시대

　과연 교육에서 비롯된 바쁨의 미래는 어떨까. 장담하
는 것은, 교육에 투자해서 개인이 얻을 수 있는 이득, 즉
수익률이 어느 때보다 낮을 것임에도 불구하고 이로 인
한 바쁨의 강도는 심화될 것이라는 점이다. 경제적 관점
에서 교육은 일종의 투자인데, 교육을 통해 얻는 기대소
득이 비용(학비, 시간, 교육으로 인해 상실한 근로 기회 등)을 상회할수록

교육에 대한 투자 수익률은 매력적이 된다. 가령 과거 한국에서 대학 졸업장은 충분한 희소성을 가졌기에 부모들이 자식을 대학에 보내기 위해 허리띠 졸라매고 희생하는 것은 납득이 가는 투자였다. 하지만 오늘날 한국 대학 진학률이 70퍼센트인 수준에서 대학 졸업장은 과거에 비해 희소성과 투자수익률이 현저히 떨어진다.

따라서 적성에 맞지 않는 공부를 억지로 하며 막대한 교육비를 지출하는 것은 이제는 정말 최악의 투자다. 각자가 고유의 개성과 재능이 있고 잘할 수 있는 분야가 다른데 획일적인 방향으로 교육하는 것은 끔찍한 낭비이자 모두에게 비극이다. 이는 마치 숲 속에서 나무를 타는 재주를 마음껏 발휘할 원숭이에게 바다에서 헤엄치라며 수영을 가르치는 꼴이다. 인상적인 것은 학력이 상향평준화되어 고등 학위에 대한 희소성이 떨어지고, 기술 발전으로 고용의 파이가 쪼그라들어 교육에 대한 투자 수익률이 낮을 것을 많은 사람들이 이미 인지하고 있다는 점이다. 그럼에도 불구하고 사람들은 왜 교육에 대한 투자를 줄이지 않고, 바쁨의 기어는 빠르게 돌아가는 것일까.

우선, 공교육의 기반이 된 프로이센 교육 시스템의 망령이 한몫한다. 프로이센 교육 시스템은 국가에 묵묵히 복종하는 시민을 길러내기 위해 고안됐기 때문에 창의성과 개성은 없애야 할 바이러스로 취급한다. 따라서 지식을 일방적으로 주입하고 자유롭게 질문할 수 없는 수업 분위기 속, 우등생은 곧 가르침을 의심 없이 수용하는 순종적인 학생을 뜻한다. 가령《서울대에서는 누가 A+를 받는가》의 저자 이혜정 박사에 의하면, 서울대학교에서 A+ 학점을 받는 우등생은 비판적 사고와 창의성을 갖춘 학생이 아닌, 앞자리에서 녹음기 켜놓고 교수의 말을 받아 적으며 암기하는 학생일 확률이 높다. 이처럼 기존의 지식을 달달 외우는데 익숙해진 수동형 인재는 반복 숙달에 능한 인공지능에 대체되기 무척 쉽다. 그러나 여전히 많은 교육기관에서는 200년 전 교육 시스템을 답습하고 있는데, 이는 컴퓨터를 쓸 시대에 주산을 가르치는 꼴이다.

이 때문에 후진적인 교육을 받은 많은 이들에게는 주체적으로 사고할 능력 및 이를 훈련할 경험이 부족하다. 이들은 일자리 경쟁에서 생존하기 위해 교육에 투자하는 것이 최선이라 굳게 믿으며, 평생 무언가를 맹목적으로 바쁘게 학습한다. 그 공부를 왜 하는지에 대한 깊이 있는 고민은 선행되지 않는다. 다만 어떻게 하면 높은 점수를 받을 수 있을지 궁리하며, 정체된 질주를 하는 것이다.

투자수익률이 떨어지는 데도 교육으로 인한 바쁨이 심화되는 두 번째 이유는 교육기관에서 얻는 네트워크 때문이다. 상류층이 기를 쓰고 자녀를 비싼 사립명문학교에 보내려는 이유는 다음과 같다. 바로 자녀들이 학교에서 사회적·경제적 수준이 높은 사람들과 어울려 긍정적 영향을 받을 확률이 크기 때문이다. 자녀가 똑똑한 동기들과 경쟁하고, 우수한 동문들과 같은 학교를 나왔다는

동질감 및 결속력을 느끼며, 그들이 추후 사회생활을 해
나가는 데 실보다 득을 얻는다면 교육에 대한 투자는 유
효하다. 직장인들이 경영대학원을 가는 것도 비슷한 이
치로, 이들은 교과서에서 무언가를 배운다기보다는 네트
워크를 목적으로 삼는 경우가 대부분이다.

　MOOC(*Massive Open Online Courses*, 무료로 세계 유수 대학의 강의를 온
라인으로 들을 수 있는 시스템)의 실패는 네트워크를 제공하지 않는
교육기관이 얼마나 성공적으로 자리잡기 어려운지 보여
준다. 2011년에 출시된 MOOC는 당시 교육의 혁명이라
불리며 대학에 위협을 가할 강력한 경쟁자로 여겨졌다.
하지만 MOOC의 강좌 수료율은 10퍼센트가 채 되지 않
았으며, 그 이후에도 대학의 수나 등록금은 전혀 줄어들
지 않고 건재했다. 미흡한 학위제도와 비싼 수업료라는
강제성의 부재, 그리고 수강자 본인의 끈기 부족 등이 실
패의 원인이지만, 학생과 선생만 있을 뿐 부가적인 네트
워크를 제공해주지 못한 것이 가장 큰 MOOC의 패인이

라고 생각한다. 즉, 아무리 이러닝이 발달하고 교육의 투자수익률이 낮아져도 고등 교육기관에 대한 수요는 줄지 않고, 관련 비용도 증가할 것이다.

결론적으로 지식 노동을 희망하는 계층의 대다수는 더욱 많은 자원을 교육에 쏟고 이로 인해 바쁨은 심화될 것이다. 현대인에게 제2외국어가 필수과목이 되었듯, 과거에는 일부에게 요구됐던 교육과정이 점차 의무화되고, 취업이나 일을 지속하기 위해 노동자가 갖춰야 할 스펙의 눈높이는 점차 올라갈 것이다. 과거에는 대학 졸업장만 있으면 취업을 했고, 유학을 다녀오거나 외국어를 잘하면 엄청난 호사를 누렸지만, 이제는 저런 스펙의 가치를 높게 인정해주지 않고 새로운 스펙을 요구하듯이 말이다. 따라서 대다수의 사람은 호흡이 긴 지혜보다는 호흡이 짧은 지식을 재빠르게 머릿속에 꾸겨 넣으며 가속화된 삶을 살게 될 확률이 높다.

한편 교육의 강박에 사로잡혀 평생 바쁜 삶을 살 사람

들과는 달리 교육에 투자할 여력이 되지 않는 계층은 바쁨의 강도가 상대적으로 약할 것이다. 이들 중 오직 선택받은 1퍼센트의 사람들만 재능과 창의성을 발휘해 교육에 투자하지 않고도 큰 소득을 벌 수 있음을 증명할 것이다. 나머지 대다수는 일본의 니트족처럼 부모 집에 얹혀살며 아르바이트와 보조금으로 생계를 지속할 확률이 높다. 이 잉여인간들이 남는 시간에 할 수 있는 일이라고는 게임을 하고 영상물을 시청하거나, 약물 혹은 가상현실을 통해 유희를 즐기는 것 정도가 될 터인데, 이는 그리 바람직한 현상은 아니다.

#4

쾌락에
길들여진
사람들

바쁨의 양극화가 불러올 미래는 분명 비극이다.
하지만 이대로 가면 헉슬리의 경고가
현실로 다가올 수 있다.
과연 '바쁨의 멋진 신세계'를 막을 수 있을까?

올더스 헉슬리*Aldous Huxley*의 《멋진 신세계》는 조지 오웰
*George Orwell*의 《1984》와 더불어 대표적인 디스토피아 SF
소설로 꼽힌다. 오웰이 '빅 브라더'를 통해 공포와 감시
가 만연한 사회를 풍자했다면, 헉슬리는 쾌락에 길들여
진 우민화된 사회를 그렸다. 오웰이 경고한 것은 강력한
중앙기관에 의한 정보의 통제였지만, 헉슬리가 두려워한
것은 무지無知의 확산이었다.

　헉슬리는 집단의 우매함을 과소평가하지 않았다. 그
는 사람들이 얼마나 쉽게 선동되고 자극적인 것만을 좇
으며, 골치 아프지만 중요한 이슈를 애써 회피하고 싶어
하는지 간파했다. 《멋진 신세계》에 등장하는 '소마'는 복

용하면 금세 기분이 좋아지는 일종의 마약이다. 소설 속
지배계층인 알파는 대중들에게 소마를 보급하고, 하류층
인 델타, 엡실론은 소마를 복용하며 바보가 된 채 어떤 불
만도 느끼지 않고 착취당한다. 알파는 체제 유지를 위해
무력을 쓰는 대신 소마를 통해 대중이 생각할 힘을 차단
한다.

　우민화에 경종을 울렸던 헉슬리의 통찰력은 오늘날 무
척 유효하다. 나치는 로마가 빵과 서커스로 대중을 지배
했다는 것에서 영감을 받아 선동에 앞장섰고, 포르투갈
은 악명 높은 3F(*Futebol, Fatima, Fado* ― 축구, 종교, 음악) 정책을 통
해 독재정권을 유지했다. 한국도 이를 참고해 전두환 정
권 시절 3S(*Sport, Sex, Screen* ― 스포츠, 성, 영화) 정책을 펼쳤다. 이
처럼 독재자가 가장 두려워하는 것은 대중이 똑똑해지는
것이다.

　하지만 독재자의 은밀한 조작 없이도, 현대 사회는 멋
진 신세계와 닮아가고 있는 듯하다. 점차 바쁜 삶을 사는

현대인들은 일상에 치여 여유를 잃고 생각할 겨를이 없다. 바쁨에 지친 이들에게 고단한 현실을 잊게 해줄 소마는 범람하는 가볍고 자극적인 정보이다. 일반적으로 사람들은 환경, 불평등, 인권 등의 다소 무거운 주제보다는 얕고 가벼운 흥미거리, 이를테면 유명인의 사생활이나 SNS에 경쟁적으로 포장된 삶을 올리는 것 등에 더욱 관심을 가진다. 뉴스는 객관적 정보전달이라는 본래적 기능보다는, '휘발적이고 유쾌하며 말초적인 감각에 호소하는' 내용으로 대중의 관심을 유도하고, 이들의 집중과 주의를 분산하며 기억을 초기화하는 역할을 한다. 따라서 다소 중요하고도 진지한 사회적 논의가 필요한 담론은, 자극적이고 일회적인 정보의 출현으로 퇴적되고 잊혀진다. 심지어 정치마저 TV쇼처럼 변질된 경향이 있는데, 실제로 쇼맨십에 능한 정치인이 선거에서 승리를 거두는 경우를 우리는 종종 목격한다.

정작 알아야 할 중요한 사실이 정보의 쓰레기에 묻혀

외면당하고 있음에도 불구하고, 먹고살기 바쁜 사람들은 이것에 별 관심이 없다. 아니, 그보다 생각하기를 포기했다는 표현이 더 정확한 듯하다. 지식의 보고인 책은 구시대적 유물이 됐는데, 그나마 대중에게 읽히는 책은 주로 유행에 충실한 실용서적이고, 앎이나 깊은 생각할 거리를 제공하는 '시장성' 없는 책은 점점 그 입지가 줄어드는 추세며, 두뇌 활동을 대신 수행해주는 스마트폰이 생각의 영역을 잠식했다. 주로 미디어에 의해 주입되는 '다른 사람의 생각'을 자신의 것인 양 착각하고, 정보 과잉이라는 장막에 갇혀 표피적인 이미지 너머의 실재를 보지 못하는 사람들. 그 어느 때보다 지식에 대한 접근성은 높아졌지만 통찰력 있는 지혜를 얻기는 어려워졌다. 제한된 정보로 인해 불편을 겪은 과거 세대와는 달리, 오늘날 현대인은 정보의 과잉이라는 훨씬 무시무시한 위험에 노출된 것이다.

앞서 일과 교육에서 비롯된 바쁨의 양극화를 이야기했

는데, 바쁨을 비자발적으로 잃을 잉여 계층은 간절히 소마를 원할 것이다. 이들에게 급작스럽게 주어질 시간적 여유와 이들이 느낄 엄청난 권태를 떠올려보라. 바쁘게 사는 것에 익숙해진 상황에서 이를 온전히 감당할 수 있을까. 빠른 템포로 사는 것에 익숙해진 현대인이 이 묵직한 침잠을 견딜 수 있을까. 느림 속 명상과 사색에 익숙하지 않은 현대인은 시간을 보낼 그 무언가를 필사적으로 찾으며 바쁨의 공백을 채우려 할 것이다.

게임이나 비디오 혹은 가상현실은 이들에게 훌륭한 소마가 될 수 있다. 왜냐하면 이러한 활동은 몰입하기 쉽고 저렴하게 시간을 보내는 데 무척 효과적이기 때문이다. 게임이나 드라마 보는 것을 몇 시간 이상 해본 사람들은 알 것이다. 한 번 몰입하면 얼마나 시간이 잘 가고 중독적인지! 게다가 가상현실의 발달은 새로운 놀이를 제공해 줄 수 있는데, 영화 〈그녀*Her*〉에서처럼 소프트웨어와 연애를 한다든지, 새로운 가상현실 플랫폼에서 사람들과 피상적으로 소통하는 것이 확산될 것이다.

　그나마 오래 일하고 퇴직한 장년층은 모아둔 재산으로 여행을 가고 골프를 치는 등 새로운 취미를 배우며 시간을 보낼 수 있지만, 청년기부터 가처분 소득이 현격히 줄어들 잉여 계층은 그럴만한 돈이 없기에 비용이 저렴한 디지털 매체로 몰리게 될 것이다. 따라서 이들은 현실에서 잃어버린 바쁨을 작은 스마트폰 스크린 안에서 찾을 확률이 높다. 미래의 사람들은 모든 것으로부터 연결되는 한편, 단편적이고 피상적인 관계의 그물망 속 점차 고립되고 외로움을 느낄 것이다.

달나라의 영원한 암흑을
원하는 사람들

　주목할 것은, 이들이 점차 디지털 매체가 주는 소마에 취해 사고력이 무뎌지고 가상의 세계에서 바쁨을 찾으면

서 실제 사회가 붕괴될 위험이 있다는 사실이다. 현실 세
계에서 바쁘고 싶어도 바쁠 수 없는 이들은 디지털이 '고
객 맞춤형'이라는 이름으로 파놓은 참호 안에서 고립된
채 서서히 바깥 생활을 멀리할 것이다. 문제는 이 같은 히
키코모리(引き籠もり, 집안에만 틀어박혀 생활하는 은둔형 외톨이)들이 많아
지면 가족, 결혼, 출산과 같은 전통 가치들은 심각한 도전
을 받게 되고, 이는 사회의 존립 자체를 위협할 수 있다는
점이다.

《멋진 신세계》에 나오는 다음 구절은, 바쁨의 시대를
살고 있는 우리에게 분명 시사하는 바가 많다.

쾌락으로부터 벗어날 여가가 없으며 잠시도 앉아서
생각할 시간이 없어졌지. 또한 불행히도 그들을 혼란
에 빠뜨리는 무의미한 시간의 터널이 입을 벌린다면 항
상 소마가 대기하고 있는 거야. 유쾌한 소마가 있지. 주
말에는 반 그램. 휴일에는 일 그램. 호사스러운 동방으

로 여행하기 위해서는 이 그램. 달나라의 영원한 암흑 속에서 잠자고 싶으면 삼 그램. 그곳에서 돌아오며 시간의 터널을 빠져 저쪽 편에 와 있게 되는 거야.

— 《멋진 신세계》, 올더스 헉슬리 저, 이덕형 역, 문예출판사, 1998., 72쪽

바쁨의 양극화가 불러올 미래는 분명 비극이다. 하지만 이대로 가면 헉슬리의 경고가 현실로 다가올 수 있다. 과연 '바쁨의 멋진 신세계'를 막을 수 있을까? 아직은 희망이 있다고 생각한다. 우리는 너무 바쁘게 사느라 잃어버리고 있는 것들을 회복해야 한다. 바쁨을 파괴해야 한다. 너무 늦기 전에!

5부

바쁨의 파괴

#1

바쁨에도
질이
있다

좋은 바쁨은 인간다움을 유지하고 위대한 변화의
궤적을 남기는 반면, 나쁜 바쁨은 인간다움을
앗아가고 존재의 결핍을 낳는다. 좋은 바쁨은
탄생의 시간인 반면, 나쁜 바쁨은 죽음의 시간이다.

세균에도 몸에 좋은 것과 나쁜 것이 있듯이 바쁨에도 질
이 있다. 좋은 바쁨은 인간이 인간다움을 유지하는, 혹은
더 성숙한 인간으로 발아發芽하기 위해 필연적으로 거쳐
야 할 위대한 변화의 궤적이다. 좋은 바쁨은 곧 탄생의 시
간이다. 반면 나쁜 바쁨은 죽음의 시간으로, 존재의 결핍
을 야기하고 인간다움을 위협하며 빠르게 돌아가는 시간
의 벨트 컨베이어 위로 인간을 몰아넣는다.

그렇다면 인간다움이란 무엇일까. 많은 철학자가 고
민한 주제이고 정답은 없지만, 훌륭한 업적을 남긴 몇
몇 사상가의 말을 인용해보겠다. 우선 프리드리히 니체
*Friedrich Nietzsche*는 《차라투스트라는 이렇게 말했다》에서

'인간은 극복되어야 할 그 무엇이다'라고 여러 번 강조한다. 그는 고독과 창조의 위대함을 설파하며 인간에게 신과 같은 우상을 버리고 스스로 초인(위버멘시)이 될 것을 주문한다. 인간은 초인이 되기 위해 '저 너머'의 세계로 건너가야 하며, 그러기 위해서는 스스로 몰락할 줄 알아야 한다는 것이다.

니체가 말한 스스로를 극복하는 초인은 결국 헤르만 헤세Herman Hesse가 《데미안》에서 말한 알을 깨고 나오는, 하나의 세계를 파괴하는 자와 같다. 즉, 이들에게 인간다움이란 더 성숙한 존재가 되기를 갈망하며 현재의 자신을 극복하는 것이다. 일반적으로 위대한 사람들은 자기 파괴를 거쳤으며, 이들의 인생이 지닌 풍미는 대개 보통 사람들의 그것보다 깊다. 이런 발아의 과정에서 발생하는 바쁨은 하나의 세계가 파괴되는 위대한 변화의 궤적이며, 이것은 장려할 만한 좋은 바쁨이다.

한편 존 스튜어트 밀John Stuart Mill은 《자유론》에서 인

간다움의 조건으로 개별성에 주목했다. 밀은 이렇게 말
했다.

> "인간은 그 본성상 모형대로 찍어내고, 그것이 시키
> 는 대로 따라 하는 기계가 아니다. 그보다는 생명을 불
> 어넣어주는 내면의 힘에 따라 온 사방으로 스스로 자라
> 고 발전하려 하는 나무와 같은 존재다."
>
> — 《자유론》, 존 스튜어트 밀, 서병훈 역, 책세상, 2005.01.

따라서 인간이 개별성을 유지하기 위한 행위, 즉 예술
을 위한 바쁨은 바람직하다. 예술은 인간을 더욱 인간답
게 만든다. 그런데 전문가들이 하는 공연 혹은 작품만 예
술일까? 나는 그렇게 생각하지 않는다. 예술은 자신의 유
일성을 표현하고자 하는 욕망이 발현된 모든 종류의 개
별적이고도 창조적인 양식이다. 평범한 사람들이 음악을
듣고 콧노래를 흥얼거리는 것, 그림 수업을 듣는 것, 일기

를 쓰는 것 등은 전부 예술이라 할 수 있다.

___
'내가 지금 뭐하는 거지?'라는 생각이
___문득 든다면

그렇다면 현대 사회를 지배하는 것은 좋은 바쁨인가? 안타깝게도 현대인들이 시달리는 것은 대개 나쁜 바쁨이 며, 이에 만성적으로 노출된 현대인들은 인간다움을 잃 고 기계화되고 있다. 가령, 맹목적인 자기계발과 공부, 일, 깊은 심심함을 견디지 못하고 무언가 할 것을 끊임없 이 찾는 것 등이 나쁜 바쁨이다. 이들은 나쁜 바쁨을 통 해 불안한 현실에서 도피하려 하고, 자신의 존재를 망각 한다.

정신없이 바쁘게 지내본 사람들 중 '그런데 내가 여기 서 뭐하는 거지?'라는 생각이 든 경험이 아마 누구나 있을 텐데, 이처럼 나쁜 바쁨은 인간으로 하여금 망각의 동물이 되게끔 한다. 나쁜 바쁨이 만성화되면, 가속화되는 바쁨의 파도에 휩쓸려 삶의 중심을 잃을 수밖에 없다. 나쁜 바쁨은 위대한 변화의 궤적을 남기지 않고 단지 소멸할 뿐이다. 이는 바쁨의 주체가 시간의 추격을 받고 늘 쫓기듯 끌려 다니는 삶을 살게 할 뿐이다.

어떤 이들은 미래에 성공한 삶을 위해, 현재를 치열하게 바쁘게 사는 것이 좋은 바쁨이 아니냐고 반문할 수 있다. 하지만 뚜렷한 삶의 목적을 가지고 위대한 변화를 향해 바쁘게 전진하는 사람과 단지 세속적인 성공을 목표로 삼으며 맹목적으로 바쁘게 사는 것은 분명히 구분되어야 한다. 돈, 명예 따위의 세속적이고 지극히 개인적인 삶의 목표는 위대한 변화가 될 수 없다. 특히나 자신이 무엇을 원하는지 모르는 체, 남들이 정한 정형화된 목표를 성취하기 위해 바쁜 것은 최악의 바쁨이다.

위대한 변화는 근본적으로 '사명감'이 전제가 돼야 하는데, 이는 공감과 측은함 및 창조욕구에서 비롯된 세상을 바꾸고자 하는 의지다. 가령, 글을 모르는 백성들을 위해 업무 외 남는 시간에 한글을 만든 세종대왕의 바쁨. 세상에 없던 제품을 내놓기 위해 애플에서 수 없이 야근했을 스티브 잡스의 바쁨. 감동적인 책을 쓰기 위해 생계 활동을 하며 시간을 쪼개 글을 쓴 무라카미 하루키村上春樹의 바쁨. 이것은 분명 크고 작게 세상을 바꾼 위대한 변화의 궤적이지만, 뚜렷한 사명감 없이는 견뎌낼 수 없을 수준의 강도 높은 바쁨이었을 것이다. 이들에게 주어진 부와 명예는 위대한 변화에 따른 결과지 결코 목적이 아니었을 것이다.

따라서 우리가 파괴해야 할 것은 나쁜 바쁨이다. 좋은 바쁨은 인간다움을 유지하고 위대한 변화의 궤적을 남기는 반면, 나쁜 바쁨은 인간다움을 앗아가고 존재의 결핍을 낳는다. 현대 사회에 만성적으로 침투해 있는 나쁜 바쁨의 파괴는 몰아치는 바쁨의 풍랑 속에서 우리를 중심 잡게 해줄 것이다. 시간관의 조절, 권태, 사색, 놀이, 잠

등은 나쁜 바쁨을 파괴하는 데 도움이 될 수 있을 것이라
고 생각한다.

#2

노는 것은
쓸모없다는
착각

놀이는 일상생활을 둘러싼 울타리 밖·저 너머의 세계에 존재하며, 놀이의 주체는 이곳에서 시간 가는 줄 모르고 유희를 만끽한다.

만성적 바쁨의 지배가 확산되는 과정에서 사람들은 지나
치리만큼 쓸모 있다고 여겨지는 것들에만 집착하게 됐
다. 가령 바쁘게 사는 사람들은 쓸모 있는 일(미래에 대한 투자
로 여겨지는 것들, 가령 공부, 자기계발, 일 등)을 하는 데도 가뜩이나 시간
이 부족하다며 쓸모 있지 않아 보이는 다른 것들을 시간
낭비로 여긴다. 따라서 놀이, 권태, 잠은 게으르고 나태한
것으로 치부되어 오늘날 쓸모없는 것으로 전락해버렸다.
하지만 이 글에서는 쓸모없는 것들의 쓸모에 관하여 이
야기해보고자 한다. 놀이와 권태 그리고 잠은, 나쁜 바쁨
을 파괴하고 인간성을 회복하는 창조의 씨앗이다. 쓸모
없는 것처럼 여겨지는 것들은 오히려 무척 쓸모 있으며,

이들은 우리가 가속화 시대에 방향을 잃지 않고 살아가게 해줄 등대와도 같다.

우선 놀이에 대해서 알아보자. 노는 것을 싫어하는 사람이 있을까. 선호하는 놀이의 행태는 사람마다 다르겠지만 누구나 놀이를 통해 재미를 추구하는 본능적 욕구가 있다. 심지어 인간이 아닌 다른 동물들조차 노는 것을 좋아할 정도로 놀이는 보편적인 욕구다. (공을 가지고 노는 강아지를 보라. 얼마나 즐거워하는지!)

놀이란 무엇인가? 놀이하는 인간이라는 뜻인《호모 루덴스》의 저자 요한 하위징아*Johan Huizinga*는 놀이를 다음과 같이 정의한다.

"놀이는 특정 시간과 공간 내에서 벌어지는 자발적 행동 혹은 몰입 행위로, 자유롭게 받아들여진 규칙을 따르되 그 규칙의 적용은 아주 엄격하며, 놀이 그 자체

에 목적이 있고 일상생활과는 다른 기장, 즐거움, 의식
을 수반한다."

— 《호모 루덴스》, 요한 하위징아 저, 이종인 역, 연암서가, 2010.03., 78쪽

즉, 놀이는 놀이가 주는 재미 그 자체에 목적이 있고,
놀이의 규칙을 따르는 범위에서 참여자의 주체성과 자유
가 듬뿍 깃든 행위다. 호이징가는 놀이가 문화보다 더 오
래된 원초적 개념이며, 문명이 놀이에 기반을 두고 발전
해왔다고 주장한다.

하위징아의 개념에 덧붙여, 나는 '인간의 의지가 적극
적으로 개입되어, 놀이의 주체가 주인공으로서 놀이의
과정 및 결과에 유의미한 영향력을 발휘하고 창조를 체
험하는 것'을 인간성을 회복하는 바람직한 놀이라 생각한
다. 예를 들어 슬롯머신을 즐기는 사람은 놀이가 본인의
의지와는 상관없이 기계가 설정한 확률에 의존하기 때문
에 놀이의 주인공이 될 수 없으며 이는 바람직한 놀이라

할 수 없다. 또한 TV에서 중계되는 스포츠 경기나 드라마를 수동적으로 관람하는 사람들은 재미는 느끼지만 놀이의 주인공으로서 놀이에 적극적으로 참여하고 있다고 보기 어렵다. 반면 놀이의 주체가 땀을 흘리며 하는 스포츠, 드라마를 보고 후기를 작성하는 것, TV에서 흘러나오는 음악에 따라 춤을 추는 것 등은 모두 놀이의 주체가 주인공인 바람직한 놀이다. 놀이의 주인공이 되는 것은 인간을 더욱 인간답게 만들며, 그 주체로 하여금 벅찬 희열을 느끼게 한다.

놀이의 순간,
인간은 창조자가 된다

놀이의 가장 중요한 특징 중 하나는 자발적이라는 점이다. 가령 아이가 놀이터에서 모래집을 쌓는다든지, 공놀이나 비디오 게임을 하는 것뿐 아니라 성인이 콧노래를 부르거나 골프를 즐기는 것은 모두 자유가 깃든 자발적 놀이다. 만약 매일 의무적으로 놀이를 해야 한다는 법이 제정되면 어떨까? 예를 들어 국민 건강 증진을 위해 매일 한 시간씩 체육활동을 강제로 해야 한다면, 그것을 놀이로 받아들이는 사람이 몇이나 될까? 놀이가 타인의 지시로 자발성을 잃고 의무가 되는 순간, 그것은 더 이상 놀이가 아닌 일이 돼버린다.

게다가 놀이의 주체는 놀이를 통해 몰입을 체험한다. 놀이의 행태가 무엇이 됐든지 간에, 놀이를 즐기는 주체는 그것에 몰두한다. 놀 때 시간이 너무 안 가서 곤혹스러웠던 적이 있는가? 오히려 놀 때 시간이 너무 빨리 가서 아쉬웠던 적이 많을 것이다. 놀이는 일상생활을 둘러싼 울타리 밖 '저 너머의 세계'에 존재하며, 놀이의 주체는 이곳에서 시간 가는 줄 모르고 유희를 만끽한다. 이처럼 일상과 놀이의 세계가 가진 시차는 다르며, 놀이의 주체는 놀이를 할 때 무아지경의 상태에 빠진다. 인간은 놀이를 통한 몰입을 이용해 일상에 만연한 바쁨에서 벗어나는 색다른 경험을 한다.

또한 놀이는 일정한 규칙 하에 무한한 경우의 수를 가진다. 놀이의 주체가 주인공으로서 적극적으로 개입하는 것이 바람직한 놀이인 이유는 놀이 속 복잡한 퍼즐을 풀어가는 과정에서 인간이 자신의 의지를 한껏 발휘하여 하나의 세계를 창조하기 때문이다. 놀이에 승패가 있든 없든, 주체의 의지에 따라 놀이는 다양한 전개 양상을 보이며 이 과정에서 놀이의 주체는 창조자가 되는 기쁨을 맛본다. 놀이의 세계는 곧 신들의 세계 올림포스인 셈이다. 가령 승패가 나뉘는 놀이의 경우(각종 스포츠), 그날 선수들의 역량에 따라 경기 내용 및 승패가 달라지기에 누구도 그 결과를 미리 알 수 없다. 승패가 나뉘지 않는 놀이의 경우(미술, 음악, 글쓰기 등) 뚜렷한 목적이 없기에 놀이의 주체가 누리는 자율성은 더욱 극대화된다. 놀이의 주체는 놀이를 통해 창조를 체험하며 창의성을 한껏 발휘하게 된다.

디지털 플랫폼의 발달이
'덕업일치'를 가능하게 한다

한편, 현대사회에서 '덕업일치(한 분야에서 전문가 못지않은 식견을

가진 오타쿠의 변형어 '덕후'에 직업이라는 뜻의 '업'을 합친 신조어로, 좋아하는 일을 직업

으로 삼는 것)'를 이룬 자들은 진정으로 축복받은 소수다. 현대

사회 노동의 특성은 시간을 파는 것인데, 대다수의 사람

들은 생업의 부담 때문에 자신이 하고 싶은 일보다 해야

하는 일을 억지로 하며, 시간을 죽이고 자리에 앉아있는

경우가 많다. 반면 덕업일치를 이룬 사람들은 놀이에서

재미를 느끼고 자발적으로 자신이 좋아하는 일을 하기에

해당 분야에서 뛰어난 성과를 내고 성공할 확률이 높다.

공자도 "무엇을 아는 것은 좋아하는 것만 못하고, 좋아하

는 것은 즐기는 것만 못하다知之者 不如 好之者 好之者 不如 樂之者"

라고 하지 않았는가.

우리가 알고 있는 성공한 대가들은 모두 놀이를 업으

로 삼은 사람들이다. 가령 일본 게임회사 닌텐도의 미야모토 시게루宮本茂는 어릴 때 했던 놀이에서 영감을 얻어 〈슈퍼마리오〉〈동키콩〉〈젤다의 전설〉 등 굵직한 게임을 남기며 게임계의 살아있는 전설이 됐다. 전 세계 유튜브 수입 1위 채널 'PewDiePie'를 운영하는 스웨덴 청년 펠릭스 셸버그*Felix Kjellberg*는 자신이 좋아하는 게임을 플레이하고 시청자들과 교감하면서 연간 100억 원이 넘는 수입을 올리고 있다. 영화 〈펄프 픽션〉의 쿠엔틴 타란티노*Quentin Tarantino*, 〈반지의 제왕〉의 피터 잭슨*Peter Jackson*, 애니메이션 〈신세기 에반게리온〉의 안노 히데아키庵野秀明 감독들은 모두 놀이를 업으로 삼고 해당 분야의 거장이 되어 부와 명성을 얻었다.

물론 이들은 극소수의 성공한 사례이지만, 디지털 플랫폼의 발달은 점점 놀이와 일의 경계를 허물며 성공한 '덕후'들을 낳고 있다. 과거에 놀이는 돈벌이가 되지 않아 생업에 밀려 취미에 머물러야 했다. 하지만 디지털 플랫폼을 통해 누구나 자신의 놀이를 불특정다수와 공유할 수 있으며, 일정 수준 팬덤을 확보한 사람은 막대한 디지털 트래픽을 수익화할 수 있다. 그 형태가 창업이든 프리랜서든 간에 놀이를 일로 승화한 사람들은 앞으로 더욱 많아질 것이고, 이들에게 주어질 기회는 무궁무진할 것이다. 이렇게 독특한 괴짜들이야말로 '평범의 종말'이 찾아온 시대에 요구되는 인재상이다.

하지만 이러한 놀이의 쓸모에도 불구하고, 놀이하면 떠오르는 부정적이고 비생산적인 이미지는 노는 주체로 하여금 스스로 죄책감을 느끼게 하거나 남들로부터 나태하고 한심한 사람이라는 힐난을 받게 한다. 게다가 순수한 놀이의 의미는 퇴색되어 놀이는 상업 자본이 제공하는 서비스를 소비하는 행태로 변질된 경향이 있다. 가령 패키지 여행상품이나 테마파크, 음주 가무를 즐기는 각종 술집 및 노래방 등은 자본에 의해 대량으로 양산된 규격화된 놀이의 형태다. 이런 놀이는 일상의 연장이며 자유가 깃들지 않은 향기 없는 놀이일 뿐이다.

저명한 미디어 전문가인 마셜 맥루한*Marshall McLuhan*은 '놀이가 없는 사회나 인간은 좀비 상태'라고 말했다. 놀이를 쓸모없는 것으로 격하시키고, 상업적인 시각으로만 바라보는 현대사회의 모습은 인간성의 상실을 의미한다. 놀이는 영감의 원천이고 놀이의 주체에 생명력을 불어넣는다. 놀이는 바쁜 일상과 동 떨어진, 저 너머의 세계로 입장하게 하는 가교 역할을 한다. 놀이하는 사람은 바쁨의 지배에서 벗어나 완전한 몰입을 경험하고 창조의 체험을 한다. 따라서 우리는 잃어가는 인간성의 회복을 위해 제대로 놀 줄 알아야 한다. 내면에 잠들어 있는 '호모 루덴스'를 깨워야 한다.

#3

권태를
찬미하다

권태는 영감의 원천이다. 우리는 권태의 순간을
맞이할 때 시간이 느리게 간다고 느끼는데
이는 우연한 창조로 가기 위한 예열 상태다.

────────

밀란 쿤데라*Milan Kundera*의 소설 《정체성》은 권태기에 빠
진 연인의 이야기다. 이혼녀 샹탈과 연하남 장마르크는
함께 살며 권태를 느낀다. 샹탈은 나이를 먹고 더 이상 남
자들이 자신을 사랑하지 않는 것에, 한때 야심만만했던
장마르크는 야망을 접고 그저 그런 일로 생계를 연명하
는 것에 권태를 느낀다. 어느 날 샹탈이 받은 익명의 편지
는 권태로 가득한 이들의 세계에 작은 균열을 일으킨다.
이 편지는 장마르크가 연인 샹탈의 권태를 달래기 위해
시라노라는 가상의 남자를 연기하며 보낸 익명의 러브레
터다. 샹탈은 본인이 아직 낯선 남자의 구애를 받는 여자
라는 것에 묘한 희열을 느끼고 시라노에게서 받은 편지

를 몰래 숨기는데, 장마르크는 그런 샹탈을 보며 야릇한 질투심을 느낀다.

아르투르 쇼펜하우어*Arthur Schopenhauer*는 "인생은 욕망과 권태 사이를 오가는 시계추와 같다"라고 말했는데, 실로 그렇다. 인간은 태어남과 동시에 권태를 선고받는다. 우리는 무언가를 욕망하고 이를 성취하며 찰나의 만족을 느끼는 사이, 권태는 삶을 엄습하고 새로운 욕구를 만들어낸다. 우리가 권태를 느끼는 대상은 사물이나 기호, 타인과의 관계 심지어 자기 자신이 될 수도 있다. 단언컨대 살면서 권태를 느껴보지 않은 사람은 단 한 사람도 없으리라. 심지어 신도 권태를 견디지 못해 인간을 창조했다는 말이 있을 정도로 권태의 역사는 길다.

권태란 무엇인가. 권태(倦怠, 게으를 권, 게으를 태)는 곧 게으름으로, 권태와 연관된 지루함, 심심함, 단조로움, 따분함 등의 단어들은 그리 긍정적인 인상을 주지 않는다. 실제로 권태를 경험한 사람은 깊은 심심함 속에서 어떠한 역동성 혹은 감흥을 느끼지 못하는 고통을 느껴보았으리라. 블레즈 파스칼*Blaise Pascal*도《팡세》에서 "열정도, 할 일도, 오락도, 집착하는 일도 없이 전적인 휴식 상태에 있는 것처럼 인간에게 참기 어려운 일은 없다. 이때 인간은 자신의 허무, 버림받음, 부족함, 예속, 무력, 공허를 느낀다. 이윽고 그의 마음 밑바닥에서 권태, 우울, 비애, 고뇌, 원망, 절망이 떠오른다"라며 권태에 대한 생각을 밝혔다.

이처럼 권태는 특유의 무기력하고 비생산적인 속성으로 인해 바쁨을 최고선으로 치는 현대사회에서 다소 쓸모없는 것으로 치부된다. 하지만 권태는 바쁨과 대척점을 이룸으로써 우리에게 삶의 균형을 선물한다. 바쁨이 고속열차라면 권태는 간이역이다. 맹렬한 바쁨의 질주 속에서 우리는 이따금씩 잦아드는 권태를 통해 시간의 정지를 느끼고, 바쁨의 기어를 조절하며 삶을 돌아볼 여유를 가질 수 있다. 특히나 권태는 우연한 창조 및 실존으로 가는 길목인데, 그 과정이 다소 공허하고 고통스러울 수 있지만 충분히 빛나는 유용성을 가지고 나쁜 바쁨을 파괴한다.

우선 무기력한 권태의 순간에 위대한 발견이나 창조를 한 역사적 사례는 수도 없이 많다. 아이작 뉴턴*Isaac Newton*이 사과나무 밑에서 한가롭게 있다가 떨어지는 사과를 보고 만유인력에 대한 영감을 얻은 것. 아르키메데스*Archimedes*가 목욕탕 욕조에 들어가는 순간, 물이 넘치는 것을 보며 부력의 법칙을 떠올리고 '유레카'를 외친 것. 침대에 누워있던 르네 데카르트*René Descartes*가 천장에 날아다니는 파리를 보고 좌표를 떠올린 것 등은 모두 권태가 우연한 창조로 이어진 경우다.

실제로 뇌과학자 마커스 라이클*Marcus Raichle*은 아무 생각도 하지 않을 때 뇌의 활동에 관한 흥미로운 논문을 발표했다. 그는 아무 일도 하고 있지 않을 때 활성화되는 뇌의 부위를 발견했으며, 이런 뇌의 활동을 '디폴트 모드 네트워크*default mode network*'라 칭했다. 디폴트 모드는 아무것도 하지 않고 쉬고 있을 때만 작동하는 것이 특징이며, 평소에는 분리돼 있는 뇌의 각 부분을 연결하여 창의적인 생각이나 통찰력을 만들어주는 역할을 하는 것으로 밝혀졌다.

또한 《뇌의 배신》을 쓴 뇌 과학자 앤드류 스마트*Andrew Smart*는, 현대인들은 모두 잠재적 ADHD(주의력결핍 과잉행동장애) 환자라고 말한다. 스마트폰, SNS 등으로 인해 아무것도 하지 않는 권태로운 시간은 점점 줄어들고, 분주히 무언가를 하고 있는 상태가 지속되면서 뇌가 혹사당한다는 것이다. 이처럼 뇌가 쉬지 못하면 창의력이나 집중력이 저하되기 때문에 가급적 게으름을 자주 피우라고 그는 조언한다.

게다가 사회과학자이자 인류학자인 제너비브 벨*Genevieve Bell*도 지루함이 창의성을 증진하는 효과적인 촉매제라 말한다. 지루함을 느끼는 순간 뇌는 스스로를 돌아보고 새롭게 혁신적인 아이디어를 떠올릴 수 있도록 작용한다는 것이다. 그녀는 우리가 샤워할 때, 운전할 때, 잡초를 뽑거나 담장 페인트칠을 할 때처럼 다소 단조롭고 심심한 일을 할 때 기발한 생각을 쉽게 만난다고 말한다.

즉, 권태는 영감의 원천이다. 우리는 권태의 순간을 맞이할 때 시간이 느리게 간다고 느끼는데 이는 우연한 창조로 가기 위한 예열 상태다. 다소 심심하고 미지근한 권태의 과정을 겪다 보면 어느 순간 창조를 향한 영감이 섬광처럼 찾아오고, 권태의 주체는 뜨거운 몰입의 상태에 빠진다. 질주하는 바쁨과는 달리, 권태는 고여 있는 시간이며 곧 창조의 샘물이다.

한편 권태를 통해 우리는 일상에서 벗어나 사색하고 자신을 돌아보며 실존할 수 있다. 권태를 통한 사색은 권태의 주체로 하여금 깊은 생각을 하게 만든다. 데카르트의 '나는 생각한다. 고로 존재한다'라는 명언이 있듯이 인간은 생각할 때 실존한다. 이때 사색은 생각하는 근육을 기르는 운동과 같은데, 특히나 바쁨의 사역에 지친 현대인들에게 중심과 방향을 잡는 데 사색이 필수적이다. 근육을 늘리려면 꾸준한 운동이 필요한 것처럼 사유의 힘을 기르려면 권태에 자신을 용감하게 내던지고 사색하는 습관을 길러야 한다.

인간을 성숙하게 만드는
순수한 권태

석학들은 일찍이 사색의 중요성을 강조했다. 토마스 아퀴나스*Thomas Aquinas*는 사색적 삶은 곧 인간의 완성을 이루고, 사색의 소실은 삶을 단순히 먹고사는 행위로 퇴락시킨다고 했다. 또한《게으름에 대한 찬양》을 지은 버트런드 러셀에 의하면, 사색하는 습관은 갖가지 도그마를 피하고 여러 다양한 관점을 표출하게 함으로써 실험적이고 공평한 태도로 모든 의문들을 고려할 수 있게 해준다. 무용해 보이는 지식에의 접근이야말로 지극히 유용하다는 것이다.

사색은 곧 자신과의 대화로 이어지는데, 이는 특히 바쁨의 급류에 휩쓸려 자기 자신을 잃어가는 현대인들에게 필요하다. 의외로 많은 사람들이 자신에 대해 잘 모르고 성인이 돼서도 갈피를 잡지 못하는 경우가 많다. 이는 깊은 사색 및 본인에 대한 충분한 이해가 결여된 채 단지 바쁨에 지배당하며 삶을 살아왔기 때문이다. 자신과 대화를 많이 하는 사람은 삶에 명확한 방향성이 있으며 자신이 무엇을 잘하고 못하는지, 무엇을 좋아하고 싫어하는지 등에 대한 인식이 뚜렷하기에 바쁨에 떠밀려 자기 자신을 잃어버릴 확률이 낮다. 이들은 바쁨에 쫓기지 않고 나름대로 각자의 시차 속에서 자신의 삶을 주체적으로 통제한다.

또한 권태는 침잠이자 고독의 시간이다. 오해하지 말아야 할 것은, 고독과 고립이 엄연히 다르다는 것이다. 법정 스님은 고독과 고립에 대한 견해를 다음과 같이 밝혔다.

"고독은 옆구리께로 스쳐 지나가는 시장기 같은 것,
그리고 고립은 수인처럼 갇혀있는 상태다. 고독은 때
론 사람을 맑고 투명하게 하지만, 고립은 그 출구가 없
는 단절이다."

— 《홀로 사는 즐거움》, 법정, 샘터, 2004.06., 277쪽

즉, 고립이 일말의 소통 가능성 없이 외부와 철저히 단
절된 상태라면, 고독은 관계의 피로에 지친 자신에게 선
물하는 자발적이자 일시적인 격리다. 권태의 순간에 고
독을 접하는 것에 능숙한 사람은 충만한 외로움과 함께
실존을 체험한다. 이들에게는 홀로 있는 시간이 가장 덜
외로운 시간이다.

결론은 쓸모없어 보이는 권태는 사실 무척 유용하다는
것이다. 중요한 것은, 권태를 극복하기 위한 무의미한 분
주함으로 시간 죽이기를 하는 과정까지 포함한 것이 아닌,
지루함을 느끼는 순수한 권태 그 자체가 창조와 실존으로

향하는 예비 단계라는 점이다. 하지만 바쁨이 만연한 현대사회에 권태는 그 지위를 도전받고, 심지어 악으로 폄하되고 있다. 권태의 소멸은 곧 인간성의 상실 및 인간 소외를 의미한다. 깊은 권태에 익숙한 사람만이 한층 성숙한 인격체로 거듭날 수 있다. 우리는 상실하고 있는 인간성을 회복하기 위해 바쁨의 사역에서 벗어나 좀 더 권태로워야 할 의무가 있다. 마지막으로 고트홀트 레싱*Gotthold Lessing*의 표현을 인용하며 마친다. "모든 일에 게을러지자, 사랑하고, 술을 마시고, 게으름 부리는 것만 빼고."

#4

'잠은 낭비'라던
에디슨은
틀렸다

바쁨이 생명을 깎아먹는다면, 잠은 생명을 회복시킨다.
우리는 매일 잠을 통해 바쁨에 지친 심신을
회복하고 재충전의 시간을 가진다.

장자가 어느 날 낮잠을 자다 꿈을 꾸었다. 꿈속에서 장자
는 나비가 되어 날아다녔는데, 잠시 쉬려 나뭇가지에 앉
아 잠이 들었다. 그런데 잠에서 깨보니 다시 인간인 장자
로 돌아온 것을 보고 장자는 인간이 나비의 꿈을 꾼 것인
지 나비가 인간의 꿈을 꾼 것인지 자신의 정체성에 혼란
을 느꼈다고 한다. 이는 유명한 호접지몽胡蝶之夢 이야기
다. 장자의 사례를 보며 지금 '나'라는 존재도 어쩌면 누군
가의 꿈속에 있는 것은 아닐까 하는 공상을 해본다.

    사람마다 수면 시간의 차이는 있지만 누구나 잠을 잔
다. 그것도 무려 인생의 삼분의 일을! 인간의 기대 수명이
약 백 년이라 할 때, 삼십 년 정도를 송장처럼 침대에 누워

보내는 것은 그리 달가운 일은 아니다. 이 때문에 잠을 마치 낭비처럼 생각하는 풍조가 있는데, 실제로 잠을 줄이고 시간을 효율적으로 관리할 수 있다는 자기계발론이나 네 시간 자면 합격하고 다섯 시간 자면 떨어진다는 사당오락 四當五落과 같은 말이 유행하며 사람들의 잠을 탈취하고, 오래 잠을 자는 사람들로 하여금 죄책감을 느끼게 한다.

결코 잠들지 않는
카페인 중독자들

언제부터 우리는 잠에 인색하게 된 것일까. 달빛에 의존해야 했던 옛사람들에게 밤은 잠을 자거나 집에서 정적으로 시간을 보내는 고요한 순간이었다. 그런데 19세기 에디슨의 전구 발명은 프로메테우스의 불처럼 인류의 밤을 밝혀주었다. 하지만 역설적으로 현대인에게 잠을 빼앗은 일등공신이 바로 에디슨이다. 에디슨은 하루에

서너 시간만 자며 '잠은 인생의 낭비'라고 했을 정도로 잠
을 혐오했는데, 그는 전구의 발명으로 인류가 획기적으
로 수면 시간을 줄이는 데 지대한 영향을 끼친다.

전구로 환하게 밝아진 밤의 시간을 활용할 수 있게 된
인류는 누워 있는 시간을 줄이고 다른 일을 하는 데 에너
지를 쓰도록 유도됐다. 고용주는 생산성을 극대화하기
위해 야간에도 노동자들이 일할 수 있는 환경을 만들었
고, 상업주의는 밤에 특화된 소비문화를 만들며, 기존에
없던 새로운 욕구와 서비스를 만들어내기 시작했다. 오
늘날 현대사회에 보편적인 야근, 24시간 편의점, 각종 술
집, 클럽 및 노래방 등은 모두 200년 전 밤이 어두웠던 시
절에는 찾아볼 수 없는 것들이다.

한편 밤이 길어지고 잠이 부족해진 인간은 카페인에
의존하기 쉽다. 가령 세계인의 기호품이 된 커피는 우리
의 신체가 잠을 쫓고 바쁨의 사역을 수행하게 하는 검은
연료다. 현대인은 습관적으로 커피를 마시며 하루를 시작

하고, 피곤할 때는 커피뿐만 아니라 카페인이 다량 함유된 에너지 드링크와 피로회복제 등을 벌컥 들이마시며 잠을 몰아낸다. 하지만 전문가들은 카페인에는 피로 해소 성분이 없으며, 카페인은 다만 신경조직을 자극해 피로가 회복된다고 착각하게끔 하는 각성제일 뿐이라고 말한다. 즉, 잠이 부족한 사람이 피곤을 느끼고 카페인을 섭취하는 것은 지친 말에게 쉬지 않고 채찍질하는 것과 같다.

사실 카페인 음료의 대명사인 커피는 본래 이슬람 수도사들이 종교의식 중 졸지 않기 위해 마시던 음료였다. 하지만 17세기를 전후로 커피는 유럽 귀족들 사이 큰 인기를 얻고 상류층의 기호 식품이 됐다. 이후 산업혁명 시기에 커피의 각성효과를 눈여겨본 자본가들은 노동자들에게도 이 음료를 배급함으로써 생산성을 극대화할 수 있었다. 커피는 대중화됐다. 미국에서는 전시 중 군인들의 피로를 덜어주고 사기를 진작하기 위해 대대적으로 커피를 보급했고, 이후 커피는 미국에서 콜라만큼이나 대중적인 음료가 됐다. 한국도 19세기 말 커피를 들여온 이후 커피에 대한 의존도가 높아졌다. 세계에서 가장 많은 '스타벅스' 매장을 보유한 도시 중 하나가 서울이 됐을 정도니 이제는 명실상부한 커피공화국이 됐다.

현대인은 기술의 발달로 밤의 시간을 얻었지만, 그 시간마저 바쁨이 지배해버리고 줄어든 잠을 카페인으로 때우며 피곤을 견디고 있다. 잠을 포기한 대가로 몽롱한 카페인에 취해 늘 바쁜 상태로 사는 것은 얼마나 악순환인가! 아리아나 허핑턴*Arianna Huffington*은 《수면 혁명》에서 다음과 같이 말한다.

"우리는 유사 이래 어느 때보다 잠에 대해, 그리고 육체적, 정신적, 감정적, 영적 행복 측면에서 잠이 얼마나 중요한지에 대해 잘 알고 있지만, 현실적으로는 잠을 충분히 취하기가 점점 더 어려워지고 있다. 한 층 더 심한 역설은 기술이 발전한 덕에 잠자는 동안 무슨 일

이 일어나는지 알게 됐지만, 인간 존재의 이 근본적인
부분과 인간의 관계가 크게 손상된 것도 바로 기술 탓
이라는 점이다. 과로와 번아웃이 성공하기 위해 치러
야 하는 대가라는 '집단 환상'도 한 몫하고 있다. 그저
우리는 하루 일과 시간이 부족하다고 느끼고, 그래서
줄일 뭔가를 찾게 되고, 그 과정에서 가장 만만한 대상
이 바로 잠이다."

— 《수면 혁명》, 아리아나 허핑턴, 정준희 역, 민음사, 2016.09.

과연 잠은 가급적 줄여야 할 쓸모없는 낭비의 시간일
까. 사실 잠은 무척 유용한 생산적인 시간이다. 과학 연
구에 의하면 자는 동안 우리의 뇌는 노폐물을 치우고, 기
억을 형성하며, 창의성을 증진하는 활동을 한다. 또한 낮
잠은 두뇌 기능을 향상하고, 안정감과 활력을 얻게 하는
단비와도 같다. 반대로 잠이 부족하면 두뇌 기능에 마비
가 와서 학습능력이 떨어지고, 신경질적으로 변하며, 면

역력 저하나 알츠하이머와 같은 치명적인 질병으로 이어

질 수 있다. 잠은 바쁨의 피로에 지친 자신을 되찾는 생산

적 활동이며, 따라서 아무리 시간이 부족하더라도 충분

한 잠은 절대적으로 보장받아야 한다.

완전한 나를 마주할
기회

한편 잠은 꿈이라는 특수한 경험을 통해 무의식을 체

험하게끔 한다. 지그문트 프로이트 *Sigmund Freud* 는 《꿈의

해석》에서 꿈은 인간 무의식의 표상이라고 말한다. 신경

전문가들은 우리가 깨어 있을 때 가지고 있는 특질은 빙

산의 일각에 불과하고, 대부분은 깊은 심연에 무의식으

로 잠재돼있다고 말한다. 즉, 잠은 우리가 평소에 인지하

지 못하는 무의식이라는 미지의 영역으로 들어가는 비밀

의 문인 셈이다. 인간은 잠을 통해 의식과 무의식의 경계

를 오가며 완전한 자신이 되는 신비로운 체험을 한다.

물론 대부분의 꿈은 망각되거나, 의미 없는 혹은 기괴한 내용일 수 있지만, 이따금씩 인간은 꿈에서 영감을 얻고 이는 위대한 창조로 이어진다. 비틀즈*The Beatles*의 폴 매카트니*Paul McCartney*가 명곡 〈Yesterday〉의 멜로디를 꿈에서 듣고 잠에서 깨자마자 작곡한 것은 유명한 일화다. 또한 스테프니 메이어*Stephenie Meyer*는 꿈에서 뱀파이어와 사랑에 빠진 경험을 한 뒤 소설 《트와일라잇》 시리즈를 써내려갔다. 그리고 아우구스트 케쿨레*August Kekule*는 꿈에서 뱀을 보고 벤젠의 고리 모양 분자 구조에 대한 영감을 얻었고, 드미트리 멘델레예프*Dmitri Mendeleev*는 꿈에서 얻은 영감을 바탕으로 원소주기율표를 만들었다.

이처럼 잠은 실로 유용한 것임에도 불구하고 바쁨의 추격에 쫓겨 시간이 없을 때 가장 먼저 줄이는 대상이 됐다. 또한 안타깝게도 어떤 사람들은 생계에 쓰는 의무시간이 너무나 길어, 충분한 잠을 잘 시간이 절대적으로 부족한 경우도 있다. 이런 사람들에게 현실적인 대안은 잠의 효율을 올리는 방법일 것이며, 이를 위해 침대에 누워서 잠들지 않는 시간을 최소화하고 잠들기 전 스마트폰을 멀리하는 등 몇 가지를 실천해볼 수 있다. 또한 잠을 우선순위에 두고 다른 활동에 쓰는 시간을 줄일 방안을 모색해봐야 한다.

바쁨이 생명을 갉아먹는다면, 잠은 생명을 회복시킨다. 우리는 매일 잠을 통해 바쁨에 지친 심신을 회복하고 재충전의 시간을 가진다. 또한 잠을 통해 우리는 잠재돼 있는 무의식을 발견하고 완전한 자신을 체험하며 때때로 근사한 영감을 얻는다. 바쁨의 소용돌이에 휩쓸리지 않고 자신을 지키기 위해 우리는 충분히 잠을 잘 필요가 있다. 인간은 기계가 아니기에 마땅히 잠잘 권리가 있으며 잠을 자는 것에 어떠한 강박관념이나 죄책감을 느낄 필요가 전혀 없다. 오히려 잠은 적극적으로 장려돼야 하는 생산적 활동이다.

6부

바쁨

공화국

#1

시간
빈곤자들

여가가 없는 사람을 노예로 간주했던
아리스토텔레스의 말에 따르면, 21세기를 살고 있는
한국인의 상당수는 시간 빈곤에 시달리는
현대판 노예인 셈이다.

한국이 OECD 경제 규모 11위, 국민소득 3만 달러라는 성과를 달성하는 사이 '한국인'의 삶은 가속화됐고 삶의 질은 형편없는 수준으로 추락했다. 느림의 미를 알던 민족은 역사책에서나 존재할 뿐, 오늘날 이 땅에 사는 한국인은 어른, 아이, 남녀노소를 가릴 것 없이 삶의 여유를 누리지 못한다. 보통의 한국인은 자신의 삶을 바쁨의 용광로에 갈아 넣으며 정체된 질주를 할 운명에 처한다.

우리는 앞서 다룬 바쁨에 관한 내용을 한국 상황에 적용해볼 것이다. 전쟁 후 압축 성장을 경험했던 역사적 특수성에 기인한 물질주의 및 전근대적 집단주의 문화와 무한경쟁을 부추기는 사회 구조가 '한국적 바쁨'을 낳았다. 한때 고속 성장의 연료가 된 한국적 바쁨은 현재 수명을 다했음에도 불구하고 한국 사회에서 여전히 견고한 지배력을 과시한다. 문제는 우리가 지금 한국적 바쁨을 개선하지 않는다면 우리의 삶의 질은 점점 끔찍한 수준으로 악화될 것이라는 점이다.

한국의 1인당 국민 소득이 3만 달러든 4만 달러든 국민이 인간다운 삶을 포기한 채 평생 바쁨에 떠밀리며 살아야 한다면 그것이 무슨 소용이란 말인가. 왜 우리는 가혹한 바쁨의 지배를 견뎌야 하는가. 왜 우리는 부조리한 현실에 분노하지 않는가. 구성원들이 함께 공통의 문제를 인식하고 대안을 고민할 때 사회가 좀 더 나은 방향으로 나아갈 수 있다.

먼저, 한국인이 어떻게 바쁨의 지배를 받고 있는지 살펴보자. 2014년 통계청에서 약 2만 7천 명을 대상으로 실시한 한국인의 '생활시간 조사'를 보면 한국인은 하루 24시간 중 여가에 4시간 49분, 수면에 7시간 59분, 임금 노동에 6시간 52분을 사용하였으며 나머지 시간은 교통, 가사 노동, 학습, 식사 등에 할애한다. 해당 조사에서 응답자의 59.4퍼센트가 '시간이 부족하다'고 응답했고, 항상 시간적 여유 있다고 응답한 사람은 12.4퍼센트에 불과했다. 시간이 부족하다고 답한 사람들의 의무 시간(일, 학습, 가사 노동, 이동 등에 필요한 시간)은 9시간 이상인 반면 여가시간은 고작 3시간 53분으로, 평균 여가 시간에 비해 한 시간 가량 부족한 결과를 보였다. 즉, 시간 빈곤에 시달리는 사람들은 과중한 의무시간 때문에 여가를 희생하고 있는 것이다.

　인상적인 것은 1999년 해당 조사가 실시된 이래 2014년의 여가 시간은 가장 낮은 수치를 기록했으며, 이는 10년 전 기록인 5시간 3분에 비해 14분이나 줄어든 수치라는 사실이다. 2004년 이래 주 5일제가 시행되어 노동 시간이 줄어들었음에도 불구하고 여가 시간이 오히려 줄어든 것이 특기할 만한 점이다.

　한편 한국고용정보원의 2014년 조사에 따르면 한국 노동 인구의 약 42퍼센트가 시간 빈곤 상태인 것으로 밝혀졌다. 이때 시간 빈곤이란 일주일 168시간(24×7=168) 중 개인 관리와 가사, 보육 등 가계 생산에 필요한 시간을 뺀 시간이 주당 근로 시간보다 적은 경우를 뜻한다. 여가가 없는 사람을 노예로 간주했던 아리스토텔레스의 말에 따르면, 21세기를 살고 있는 한국인의 상당수는 시간 빈곤에 시달리는 현대판 노예인 셈이다.

직장인을 대상으로 범위를 좁히면 결과는 더욱 참담하다. 취업포털 잡코리아의 조사에 의하면 약 71퍼센트의 직장인이 자신을 시간 빈곤자라고 답했다. 특히 기혼 직장인 중 시간 빈곤자라고 답한 비율은 74퍼센트로 미혼(68퍼센트)보다 높았는데, 이는 기혼자들에게 주어진 가사 노동 의무 때문이다. 시간 빈곤자들이 바쁨으로 인해 포기하는 것은 건강, 대인관계, 자기계발, 휴식, 여가 순이었다. '만약 하루의 여유가 주어진다면 무엇을 하겠는가'라는 질문에 고작 '원 없이 자기'가 1위를 차지한 것을 보면 참으로 서글프다.

한국인이 시간 빈곤자인 것은 바쁨과 관련이 깊다. 한국은 바쁨 공화국이다. '빨리빨리'가 외국인이 배우는 한국어 기본 표현일 정도로 바쁨은 한국인의 일상을 지배한다. 사교육 및 자기계발 열풍은 잦아들 기미가 보이지 않고 보통의 한국인은 시간 빈곤에 시달린 채 바쁨의 지배를 받는다. 한국에서는 바쁘게 사는 것이 일종의 의무이며, 바쁨은 곧 그 사람의 능력과 인기와 동일시 된다.

바쁨의 수준을 정량화할 수 있는 통계는 노동 시간과 수면 시간이다. 이 두 수치를 살펴보면 한국이 얼마나 숨 쉴 틈 없는 나라인지 가늠할 수 있다. 우선 노동 시간 기준 OECD 2위를 기록한 한국은 비효율적이고 만성적인 초과 근무로 악명이 높다. 불필요한 야근이나 회식이 만연하며 노동생산성도 다소 낮은 편이다. 이를 타개하기 위해 최근 국회는 최대 법정근로시간을 주당 68시간에서 52시간으로 단축하는 근로기준법 개정안에 합의했다.

하지만 이러한 변화가 실제로 얼마나 유효할지는 시간을 두고 지켜봐야 할 문제다. 왜냐하면 줄어든 노동시간이 바쁨을 추방하고 풍족한 여가를 제공하기는커녕 불안과 더 많은 경제적 성과를 위한 생산활동(투잡이나 자기계발 등)을 야기할 수도 있기 때문이다.

___
24시 카페, 음식점, 찜질방…
잠들지 않는 자들의 도시

또한 한국은 잠에 인색한 국가인데, OECD 통계에 따르면 한국인의 평균 수면 시간은 7시간 41분으로 OECD 평균인 8시간 22분보다 40분이나 적으며, 이는 OECD 회원국 중 최하위다. 한국인은 잠을 적게 자는 대신 바쁘게 일하고, 공부하고, 술을 마시고 밤 문화를 소비하며 시간을 효율적으로 사용한다고 착각한다. 한국에서 잠을 많이 자는 것은 죄악인데, 잠을 적게 자는 이들을 근면하고

부지런한 사람으로 좋게 보는 인식이 지배적이다. 카페
인이 들어간 커피나 에너지 음료를 마시며 쏟아지는 잠
을 쫓아내는 것이 한국인의 일상이다.

특히 밤새 켜져 있는 거리의 네온사인과 회사 빌딩에
서 새어나오는 불빛은 한국이 24시간 사회임을 나타낸다.
편의점, 술집, 카페, 음식점, 찜질방, 택시, 카페, 미용실….
한국에서는 마음만 먹으면 누구나 시간 제약을 받지 않고
다양한 서비스를 이용할 수 있다. 이것을 소비할 돈이 있
는 사람에게는 잠들지 않는 이 땅이 편리하고 신기하겠지
만, 이것을 생산하며 돈을 벌어야 하는 사람에게는 지옥일
수 있다. 사실, 소비자나 생산자를 나눌 것도 없이 우리는
모두 시간 빈곤자들로서, 24시간 돌아가는 한국 사회를 운
영하기 위해 자신의 시간을 납세하고 있는 셈이다.

#2

'하면 된다'는
신화를
돌이키며

———————

박정희 정권의 '하면 된다' 정신은 가속의 촉매제일 뿐, 한국인에게 내재된 바쁨의 씨앗은 사실 일제강점기 때 뿌려진 것이다.

'하면 된다' 정신은 그 시대적 특수성 및 눈부신 경제적 성취 덕분에 한국사회에서 하나의 신화로 자리잡은 듯하다. 그래서인지, 이는 한국 정치인이나 기업인이 즐겨 사용하는 표현이다. 다음 취임사를 살펴보자.

"오늘의 대한민국은 국민의 노력과 피와 땀으로 이룩된 것입니다. 하면 된다는 국민들의 강한 의지와 저력이 산업화와 민주화를 동시에 이룬 위대한 성취의 역사를 만들었습니다. 한강의 기적으로 불리는 우리의 역사는 독일의 광산에서, 열사의 중동 사막에서, 밤새 불이 꺼지지 않은 공장과 연구실에서, 그리고 영하 수

십도의 최전방 전선에서 가족과 조국을 위해 헌신하신
위대한 우리 국민들이 계셔서 가능했습니다."

— 2013년 2월 25일, 박근혜 전(前) 대통령 취임사 중에서

여기서 언급된 '하면 된다' 정신은 국정농단으로 탄핵
당한 박근혜 전 대통령의 아버지 박정희 전 대통령이 남
긴 유산으로, 오늘날 한국이 바쁨 공화국이 된 것에 주요
한 역할을 했다. 박정희 군부정권의 업적을 어떻게 평가
할 것인지는 근대화 및 경제 성장, 장기 독재로 인한 민주
주의 훼손, 인권 침해 등 여러 방면에서 상당한 논쟁의 여
지가 있는데, 이 책에서는 그런 부분에 초점을 맞추지는
않을 것이다. 다만, 그가 내세운 '하면 된다' 정신이 어떻
게 한국적 바쁨을 낳았는지, 한국적 바쁨의 원류가 무엇
인지를 살펴보는 것에 집중하도록 하겠다. 《피로사회》의
저자 한병철은 다음과 같이 말한다.

"시대마다 그 시대에 고유한 질병이 있다. 신경성 질
환들, 이를테면 우울증, 주의결핍 과잉행동장애, 소진증
후군 등이 21세기 초 병리학적 상황을 지배하고 있다.
이들은 전염성 질병이 아니라 경색적 질병이며, 타자의
부정성이 아니라 긍정성의 과잉으로 인한 질병이다."

— 《피로사회》, 한병철 저, 김태환 역, 문학과지성사, 2012.03., 11쪽

'하면 된다'와 같은 긍정성의 과잉은 성과주의로 점철
된 한국 사회에서 강력한 바쁨의 촉매제가 됐다. 군사정
변을 통해 권력을 잡은 박정희 정권은 '하면 된다' 정신을
내세우며 급속한 근대화를 추진했다. 국가 주도의 계획
하에 대기업이 탄생하고 경제는 성장했으며 빌딩이 마구
들어섰다. 지독한 가난에서 벗어나고 싶었던 한국인들은
'하면 된다'는 구호를 외치며 고된 바쁨의 행군을 시작했
다. 국가는 바쁨의 사역에 시달리는 국민들을 수출역군
이라 미화했지만 생산성 향상 및 경제성장이라는 대의를

위해 이들의 삶은 송두리째 제물로 바쳐져야 했다. 국가는 압축 성장을 위해 가속 기어를 최고조로 올리고 국민들의 시간을 남김없이 쥐어짜냈다.

'하면 된다' 정신이 한국적 바쁨이라는 질병을 낳은 것은 20세기 중후반에 형성된 새로운 형태의 불안과 관련이 깊다. 전쟁 이후 한국인은 놀라운 경험을 하게 됐다. 새로운 시대가 요구하는 것은 출신이나 친일의 행적이 아니었다. 그것은 산업화 시대에 걸맞은 근면성이었다. 근면을 통해 쌓은 부는 '탯줄'을 통해 물려받는 부에 비해 무척 공정해보였다. 왜냐하면 과거에는 부모의 출신에 따라 개인의 인생이 결정되었기 때문이다. 오랜 시간 신분 사회 및 식민 지배를 겪은 한국인에게 자신의 노력으로 인생을 바꿀 수 있다는 것은 실로 굉장한 변화였다. 지독한 가난에서 벗어나고 싶었던 한국인들은 바쁘게 발을 굴리며 어떻게든 자기 운명의 페이지를 새롭게 채워나가려 했다.

하지만 세속적 의미의 성공은 제한된 수의 사람에게만 마련되는 법이다. 다수가 부푼 꿈을 가졌지만, 달콤한 성공의 열매를 수확한 사람은 소수였다. 성취하지 못한 사람은 비난의 화살을 자신의 무능함과 게으름으로 돌리는 법을 배워야 했다. 왜냐하면 이론적으로 누구나 성공할 수 있는 시대가 도래했기 때문이다. 게다가 미디어는 〈성공시대〉와 같은 프로그램을 통해 일부 자수성가한 사람들을 선전하며 대중에게 희망을 불어넣었고, 이것은 '하면 된다' 정신과 맞물리며 긍정성의 강화로 이어졌다. '하늘은 스스로 돕는 자를 돕는다! 억울하면 출세하라!'

이때, 일제강점기와 한국전쟁 시기 겪은 불안은 새로운 형태의 불안으로 대체되었다. 한국인에게 더 이상 일본 순사나 북한군은 근심거리가 아니었다. '하면 된다'의 긍정성이 지배하는 사회에서 한국인을 가장 불안하게 만드는 것은 바로 자기 자신이었다. 똑같이 가난한 상태에서 출발했지만 누구는 출세하고 누구는 답보 상태에 머물러 있는 것은 성공의 트로피를 거머쥐지 못한 사람들이 감내하기 힘든 고통이었다. (특히나 출세한 사람이 자기가 준거집단으로 삼는 주변인일 경우 고통은 배가된다.) 이 당시 성공의 필수조건은 '바쁨'이었는데, 일반적으로 근검절약하고 자신의 삶을 일에 완전히 갈아 넣은 사람들이 출세하는 경우가 많았다. 따라서 한국인은 성공하기 위해, 그리고 도태되지 않기 위해 점점 남들처럼 바쁘게 살아야 했고 바쁨의 정도는 더욱 심화됐다. 그 결과, 단시간 내 한국에서 바쁨의 강도는 선진국과 유사한, 아니 선진국을 능가하는 수준이 돼버렸다.

민족 신화처럼 각인된
바쁨의 정신

한편 20세기 중후반 한국에 만연한 긍정성의 과잉 및 삶의 가속화는 일찍이 다른 나라에서 보였던 흐름과 유사하다. 한국적 바쁨은 일제강점기와 메이지 유신 그리고 서양의 프로테스탄트 윤리에 그 뿌리가 있다. 예를 들어 서양은 규율이 지배하던 중세시대를 지나 16세기 종교개혁을 거쳐 프로테스탄트 윤리가 확산됐다. 강박적인 근검절약 및 사유재산의 축적은 서양에서 자본주의가 뿌리내리는 데 결정적 역할을 했고, 이것이 만성적 바쁨의 기원임은 앞서 설명한 바 있다.

동양에 바쁨이 전파된 결정적 계기는 19세기 일본의 메이지 유신이다. 화혼양재(和魂洋才, 일본의 전통적 정신과 서양의 기술)를 외치며 근대화를 추진하는 과정에서 일본인의 삶의 리듬은 빨라지기 시작했다. 특히 일본에서 서양에 파견한 사절단이 작성한 견문 보고서 〈미구회람실기米歐回覽實記〉에는 서양의 번영이 합리적 규율 및 근면 성실한 태도에서 비롯됐다는 점이 기술돼있는데, 이는 일본이 서양의 바쁨을 적극적으로 표방했다는 것을 의미한다.

일본은 국민정신 개조를 위해 '게으름은 나쁘고 바쁜

것은 좋다'는 사상을 적극적으로 주입했다. 이와 같은 일본의 사상은 한국의 식민지배에도 활용됐다. 일본은 서양의 열강들이 그랬던 것처럼 한국에 바쁨을 주입했고 지배를 정당화했다. 일부 한국 지식인들은 나태한 민족성을 개조해야 한다며 그들의 논리에 동조했고 대중들을 계몽하려 했다. 박정희 정권의 '하면 된다' 정신은 가속의 촉매제일 뿐, 한국인에게 내재된 바쁨의 씨앗은 사실 일제강점기 때 뿌려진 것이다. 다만 이 시기 한국적 바쁨은 과도한 수준이 아니었는데, 이는 강압적이고 착취적인 환경에서는 바쁨이 증폭되기 어렵기 때문이다.

자고로 어떤 이야기가 시대를 거듭해 구전되고 다수의 지지를 받으면 그것은 하나의 신화가 된다. 또한 이런 이야기가 미디어 및 교육을 통해 체계적으로 연출되고 재생산된다면 사람들은 이것을 숭배하고 진리로 여기는 경향이 있다. 바쁨도 마찬가지다. 바쁨 공화국 한국에서 바쁨이 최고선이 된 것은 불과 수십 년에 지나지 않는다. 게다

가 이것은 일본에 의해, 더 거슬러 올라가면 서구권 프로
테스탄트 윤리 숭배자들에 의해 주입된 사상임에도 불구
하고 마치 단군신화처럼 한반도에 뿌리 깊게 퍼져있다.

한국인의 머릿속에 단단히 주입된 바쁨에 대한 강박관
념은 분명 쉽게 개선되지 않을 것 같다. 왜냐하면 이것은
'하면 된다'는 긍정의 체화로 인해 탄생한 자발적인 속성
의 바쁨이기 때문이다. 강제력을 쓰면서 바쁨을 키우는
것에는 한계가 있는 반면, 주체가 자발적으로 기꺼이 가
속 버튼을 누를 때 바쁨은 무한대로 증폭된다. 바쁨 권하
는 한국 사회에서 누군가는 자신의 유용성을 뽐내는 과
시적 생산을 위해, 더러는 학습된 근면 신화로 인해 바쁨
을 끊임없이 강화한다.

얻는 것이 있으면 잃는 것이 있다. '하면 된다' 정신을
통해 국가는 부를 얻었지만 국민은 여유를 잃었다. 악착
같이 돈을 모으고 바쁘게 산 사람은 집과 차를 얻었지만
여가 있는 삶을 잃었다. 이제는 한국이 가난을 상당 부분

극복했음에도 불구하고 바쁨의 아귀는 탐욕스럽게 입을 벌린 채 한국인의 시간을 먹어치운다. (적어도 20세기와 비교할 때 오늘날 우리가 누리는 물질적 풍요는 어마어마한 수준이다.) 과거에는 분명 '하면 된다'는 합리적인 희망이었다. 하지만 이러한 희망의 찬가가 과연 저성장 시대에 여전히 유효한가. 우리는 지금 긍정의 과잉이 낳은 한국적 바쁨에 대해 생각해볼 필요가 있다.

#3

생존을
위해
돌진하라

왜냐하면 물질주의 사회의 구성원은 일반적으로
남들에게 부끄럽지 않은 수준의 집과 차,
그리고 미디어와 광고가 쏟아내는 온갖 상품을
소비할 구매력을 갖추길 원하게끔 학습되기 때문이다.

적자생존은 19세기 영국의 사회학자 허버트 스펜서*Herbert Spencer*가 제시한 개념으로 사회의 변화 및 발전 모습을 설명하는 사회진화론에 등장한다. 이것은 자연선택에 의해 가장 적합한 종만 살아남는다는 다윈의 진화론과 더불어 당시 지배층의 전폭적 지지를 받았다. 왜냐하면 사회진화론이 영국 내부로는 자본가들의 노동자 착취를, 외부로는 식민 지배를 정당화하는 데 그럴듯한 학술적 명분을 제공했기 때문이다. 이 논리에 의하면 돈이 있는 자본가와 문명화된 서구 열강이 '적자'로 정의되고, 이들이 곧 정글의 포식자다. 잔인한 약육강식의 법칙은 제국주의, 인종차별, 나치즘 등의 부작용을 낳으며 세계에 전파됐다. 주목할 것은 경쟁의 승자들은 모두 바쁨의 신봉자들로서 삶의 가속화가 필요하다는 신념을 가지고 있었다는 점이다.

한때 한국은 잦은 외세의 침략 및 일제 강점이라는 뼈아픈 기억을 가지고 있던 적자생존 법칙의 명백한 희생자였다. 그러나 역설적이게도 오늘날 한국은 적자생존을 열렬히 옹호한다. 마치 서구 열강과 일본이 그랬던 것처럼 한국은 바쁨을 찬양하는 전도국이 됐고 만인의 만인에 대한 경쟁 풍토가 형성됐다. 각자도생 한국 사회에서 연대의 고리는 끊어졌고 상생은 실종됐다. '나만 아니면 돼'라는 생각으로 똘똘 뭉친 한국인은 자기만의 섬에 고립된 채 타인의 아픔에 공감하지 않고 오로지 자신의 생존만을 골몰하게 됐다.

뒤처지면 끝장이라는 공포가 한국 사회 전반에 깔려 있기 때문에 한국인은 미칠 듯이 시간의 터널을 질주하며 삶을 소진하도록 길들여진다. 이러한 상황을 '생존을 위한 돌진'으로 비유할 수 있는데, 한국인에게 바쁨은 생존하기 위한 의무다. 물론 바쁨의 강제적 속성은 세계화, 바쁨의 지위화, 그리고 디지털 기술의 발달로 인한 범세계적인 현상이며, 한국에만 해당되는 사항은 아니다. 다만 다음의 한국적 사회문화 특질은 한반도에서 바쁨의 강제력을 공고히 하는 데 한몫하고 있다. 바로 물질주의 가치관과 집단주의다.

더 많은 돈을 벌 것인가, '워라밸'을 지킬 것인가

먼저, 한국에 만연한 물질주의 가치관을 살펴보자. 세계 가치관 조사*World Value Survey*는 1981년부터 최근까지 세계 각국의 국민을 대상으로 설문 조사를 했다. 가치관을 구분하는 두 개의 축은 각각 '세속·합리적 가치 대 전통적 가치' 그리고 '생존 가치 대 자기표현 가치'다. 한국은 세속·합리적 가치 및 생존 가치가 두드러지고 비슷한 가치관을 가진 유교 문화권으로는 중국과 일본 등이 있다. 이 문화권에 속한 국가는 일반적으로 경제와 안보를 중시하고 권위적인 정부는 국민에게 민족주의에 기반을 둔 애국심을 요구한다. 한편, 일반적으로 느긋하고 살기 좋은 나라로 취급되는 북유럽 국가들은 모두 높은 세속·합리적 가치 및 자기표현 가치를 지닌 것으로 확인됐다.

인상적인 것은, 일반적으로 경제가 발전하는 과정에서 세속·합리적 가치 및 자기표현 가치가 중대되는 경향이 있는데, 한국은 고도의 경제발전에도 불구하고 자기표현 가치가 여전히 낮은 수준에 머물러 있는 거의 유일한 예외 사례라는 점이다. 한국은 경제 성장과는 무관하게 여전히 1980년대 물질주의 가치관에 머물러 있다. 낮은 자기표현 가치는 개인의 자유, 시민들의 정치 참여, 인권과 환경 등의 경시를 뜻한다. 이는 한국인의 의식 수준이 국가 경제 규모 및 국제무대에서의 대기업의 영향력에 비해 진일보하지 않았음을 의미한다.

또한 해당 조사에서 한국인 중 탈물질주의자의 비율은 겨우 14퍼센트 정도로 다른 나라에 빗대어볼 때 현격히 낮은 수준인데(미국: 48퍼센트, 일본: 43퍼센트, 스웨덴: 51퍼센트, 멕시코: 46퍼센트) 이는 한국이 어느 정도 먹고살만해졌음에도 불구하고 국민들은 여전히 불안에 시달리며 물질에 대한 강박증을 극복하지 못했다는 뜻이다. 한국인은 사회경제적 지위 고하를 막론하고 물질에 과도하게 집착하는 경향이 있다.

그렇다면 한국의 물질주의 가치관은 바쁨과 어떤 관련이 있는가. 물질주의에 경도된 사회는 구성원의 탐욕을 부채질하고 물질의 포로가 될 것을 강요하는데, 이 과정에서 이들의 삶은 가속화되기 쉽다. 왜냐하면 더 많은 물질을 소유할 경제력을 갖추려면 대체로 바쁜 삶을 살아야만 하기 때문이다. 물질적 보상과 바쁨은 통상적으로 정비례하는 경향이 있다. 세인들이 부러워하는 출세한 사람들 중 부모로부터 막대한 유산을 받은 극소수의 유산계급을 제외하고는 부의 금자탑을 쌓기 위해 삶을 소진하지 않은 사람은 거의 없다고 봐도 무방하다.

따라서 물질주의가 팽배한 사회는 노동을 숭배하고 여가를 경시하는 풍조가 있다. 이런 사회는 돈이 최고기 때문에 돈을 벌 기회를 박탈당하는 것을 반기지 않는다. 예를 들어 최근 한국 정부는 국민에게 여가를 보장하기 위해 근로시간 단축법을 강력히 추진하고 있다. 하지만 일부 계층, 특히 잔업 수당이 근로 소득에서 큰 비중을 차지하는 생산직을 포함한 노동자 계층이 정책을 반대하고 있다. 이는 줄어들 임금소득 때문이다. 이들은 장시간 일하고 높은 소득을 얻기를 원한다. 때문에 정부가 근로시간 단축을 법제화한다 해도 더러는 아마도 감소한 근로소득을 벌충하기 위해 투잡을 하거나 외벌이에서 맞벌이로 전환하는 등 적극적으로 가용 시간(원래는 여가에 사용됐어야 할)을 돈 버는 생산활동에 쓸 확률이 높다.

그나마 현재 이 정책의 수혜자라 할 수 있는 대기업,

공무원 등의 노동자 상위 계층은 노동시간 단축을 반길 수 있다. 하지만 미래에 자동화로 인해 자신들도 같은 상황에 처하게 되면, 다시 말해 적게 일하고 적게 버는 상황을 마주하게 되면 이들도 마찬가지로 거부 반응을 보일 가능성이 높다. 왜냐하면 물질주의 사회의 구성원은 일반적으로 남들에게 부끄럽지 않은 수준의 집과 차, 그리고 미디어와 광고가 쏟아내는 온갖 상품을 소비할 구매력을 갖추길 '원하게끔 학습'되기 때문이다. 바쁨에서 해방돼 여가가 주어져도 물질주의 가치관이 뚜렷한 한국사회에서는 이것이 행복의 원천이 되기는커녕 불안과 갈등의 씨앗이 될 수 있다는 점은 대단히 서글픈 일이다.

한편, 한때는 바쁨의 강제성이 지금처럼 강력하지 않았던 시기가 있었다. 물질주의 가치관이 팽배했지만 더 많은 소유를 위해 기꺼이 자신의 삶을 소진할 각오가 돼 있는 야심 있는 사람들만이 바쁨을 받아들였다. 사실 고도성장기를 경험한 대부분의 기성세대는 이런 출세지향

적 태도를 보였다. 비록 극소수기는 하지만 청빈함을 지
향하던 사람들도 있었는데, 당시 이들은 굳이 바쁨의 아
귀에 자신의 삶을 제물로 바치지 않아도 무방했다. 이들
은 불필요한 소비를 하지 않았기에 분수에 넘치는 돈을
필요로 하지 않았고 바쁨의 영향력에서 일정 부분 벗어
난 채 자신의 삶을 적절히 꾸려나갈 수 있었다.

하지만 한국이 1997년 외환위기를 겪으며 모든 것은
변했다. 국가가 휘청거리고 기업들이 줄줄이 도산하는
과정에서 순식간에 거리로 나앉은 사람들. 불안은 증대
됐고 적자생존의 법칙이 입증됐으며 경쟁의 강도는 심화
됐다. 지독한 성과주의 및 열악한 사회안전망으로 인해
한국에서 바쁨은 출세가 아닌 생존을 위한 수단으로 변
모했다. 기댈 수 있는 곳이 없다는 냉혹한 현실을 체감한
한국인은 두려워졌고 바쁨의 지배에 복종했다.

외환위기 이후, 한국인의 삶은 투쟁이 돼버렸다. 학생
들 사이 스펙 경쟁은 치열해졌고 취업은 갈수록 어려워졌

다. 직장인들은 도태될지도 모른다는 두려움으로 인사고과에 목숨을 걸며 자기계발에 매진했다. 중장년층은 노후에 대한 경제적 불안감에 시달리며 밤잠을 설쳤다. 한국인은 생존을 위해 시간을 남김없이 쥐어짜내며 달려야 했다. 이렇게 모두가 죽음의 경주를 하는 마당에 탈물질주의 가치관과 성숙한 시민의식이 배양될 리 만무하다.

그러나 최근 청년 세대를 중심으로 삶의 질을 중시하는 '워라밸(work and life balance, 일과 삶의 균형)'이 대두되고 있는 것은 인상적이다. 닐슨코리아가 2017년 실시한 조사에 의하면, 한국인 10명 중 7명은 돈보다 '워라밸'을 선호한다고 답했는데 이는 한국 사회가 물질주의 가치관에서 탈피할 가능성이 있음을 시사한다. 하지만 여전히 '하면 된다'는 산업화 시대 망령에 사로잡힌 기성세대는 청년들에게 바쁨을 강요하며 세대 갈등을 낳고 있다. 한국 사회가 탈물질주의 가치관을 향해 나아가는 것은 아마도 세대교체가 여러 번 진행된 이후에나 가능할 것이다.

졸업, 취업, 결혼에서 내 집 마련까지…
인생은 코스대로

두 번째로, 한국적 바쁨을 강제하는 또 다른 악령은 집
단주의다. 《개인주의자 선언》의 저자 문유석은 이렇게
말한다. '나는 감히 우리 스스로를 더 불행하게 만드는 굴
레가 전근대적 집단주의 문화이고, 우리에게 부족한 것
은 근대적 의미의 합리적 개인주의라고 생각한다.' 여기
서 불행을 바쁨으로 치환해도 문장의 시사점은 유효하
다. '나는 감히 우리 스스로를 더 바쁘게 만드는 굴레가
전근대적 집단주의 문화이고, 우리에게 부족한 것은 근
대적 의미의 합리적 개인주의라고 생각한다.'

집단주의는 어떻게 바쁨을 강제하는가. 전 세계가 급
속히 가속화되고 있는 상황에서 개인이 이러한 흐름에서
이탈하는 것이 쉬운 법은 아니다. 개인주의 성향이 강한
사회에선 탈脫바쁨을 어느 정도 '다름'으로 취급하고 용인

하는 반면, 집단주의 성향이 강한 곳은 이것을 명백한 '틀림'이자 집단에 대한 반기라고 여긴다. 전자는 개인의 의식적 노력으로 일정 부분 바쁨으로 겪는 문제를 해소할 수 있지만, 후자는 사회 구조상 개인이 바쁨의 지배에서 벗어나기는 대단히 힘들다. 한국은 불운하게도 후자의 유형에 속한다.

개성을 허용하지 않는 한국 사회에서는 일종의 표준화된 과업이 존재하고 이것의 성취를 위해 개인에게 바쁨을 강요한다. 문제는 과거에는 무난히 수행할 수 있었던 이 과업의 난이도가 점차 상승하며 삶의 가속화 정도가 심화된다는 것이다. 학업, 취업, 결혼, 내 집 마련 등이 그 예인데, 모두가 일정한 시기에 마땅히 성취해야 할 같은 목표를 가지고 있으니 이것을 제때 이루지 못한 사람은 열패감을 느끼기 마련이다.

따라서 획일적 목표를 주입하는 한국 사회는 한국인에게 '남들보다 뒤처질지 모른다'는 불안을 불어넣고 생존을 위해 돌진하게끔 유도한다. 한국인은 자신에게 주어진 삶의 과업을 달성하기 위해 바쁨에 포박당한 채 산다. 저마다 인생의 속도 및 방향이 있는 것인데 한국 사회에서 이것이 용납되지 않는 것은 참으로 안타까운 현실이다. 남들과 끊임없이 비교하며 바쁘지 않으면 죄책감을 느끼고 자신만의 삶의 리듬을 갖지 못한 채 바쁨에 끌려다니는 상황은 일반적인 한국인이 겪는 숙명이다.

#4

한강의
몰락

한국 기업은 과거의 성공에 안주했고
새로운 미래 먹거리 발굴에 실패했으며 중국의
약진으로 인해 주력 산업이 뿌리째 흔들리고 있다.

가속화된 삶을 사는 한국인이 마주할 바쁨의 미래는 무엇일까. 앞서 일과 교육의 관점에서 바라본 바쁨의 양극화를 전망했는데, 한국도 이러한 흐름에서 예외가 아니다. 기존에 한반도를 뒤덮은 바쁨은 생존에 대한 공포, 그 중에서도 주로 경제적 불안감에서 기인한 공포를 유발하며 전 국민의 삶을 가속화시켰지만, 미래의 바쁨은 선별적인 특징을 띨 것이다. 한국에서 실현될 바쁨의 양극화는 '한강의 몰락'과 궤를 같이한다. 4차 산업혁명으로 일컫는 다가올 거대한 변화는 결코 '한강의 기적'을 이끈 국내 기업에 유리한 방향이 아니다. 오히려 융합과 파괴의 새 시대에 다수의 한국 기업은 존폐 위기에 처해 있다.

국내 기업의 위기가 함의하는 바는 곧 잠재적 경기 침체 및 일자리 감소인데, 이는 한국에서 바쁨의 양극화를 가속화할 촉매제가 될 예정이다. 왜냐하면 일은 한국인의 삶을 바쁘게 만드는 주범이었는데 앞으로 한국에서는 일의 총량, 정확히는 사람이 할 수 있는 일의 총량이 점차 줄어들 예정이기 때문이다. 당분간 한국은 최악의 고용 대란을 겪을 가능성이 큰데, 사회 지도층 중 그 누구도 다가올 암흑의 시대를 헤쳐나갈 뚜렷한 비전을 제시하지 못하고 있는 듯하다.

국제로봇연맹*International Federation of Robotics*의 조사에 따르면 한국은 수년째 로봇밀도(노동자 1만 명당 로봇 수) 1위를 지키고 있는데, 이는 한국 고용 시장의 취약점을 드러낸다. 즉, 한국 경제를 떠받치는 주력 업종은 이미 상당한 영역에서 로봇을 도입하고 있기 때문에 기업들의 투자나 국가 경제 성장이 고용으로 이어지지 않을 가능성이 크다. 또한 해당 기업들의 수출 경쟁력 저하가 지속되고 공장

가동률이 낮아지면 이는 대량 실업으로 이어질 수밖에 없다. 결국 한국에서 일자리는 확연히 감소할 것이고 대량실업으로 인해 강제로 바쁨을 박탈당할 수많은 잉여 계층이 출몰할 것이다. 반면 나머지 평범한 한국인은 적정 수준의 사회경제적 지위(과거에는 마땅하다고 여겨졌던)를 유지하기 위해 전례 없는 수준으로 가속화된 삶을 살 것이다.

　우리는 바쁨의 양극화를 야기할 한강의 몰락이 왜 예견된 비극인지 살펴볼 필요가 있다. 먼저 한강의 기적이 탄생한 시대적 배경 및 이러한 방식의 구조적 한계를 짚어볼 것이다. 과거에 한국이 식민 지배와 전쟁을 겪은 직후 지독한 빈곤에 시달린 것은 사실이다. 미국 더글러스 맥아더*Douglas MacArthur* 장군은 한국전쟁 직후 서울을 방문한 뒤 "이 나라를 복구하는 데 최소 100년이 걸릴 것"이라고 말했다. 하지만 그의 예언은 보기 좋게 빗나갔다. 불과 반세기만에 전쟁으로 쑥대밭이 된 한반도는 풍요의 땅이 됐다. 과거에는 필리핀이나 가나보다 궁핍했던 한국은 세계 최초로 피원조국에서 원조국으로 화려하게 탈바꿈했다. 한국은 홍콩, 싱가포르, 대만과 더불어 '아시아의 네 마리 용'으로 불렸고 한국 대기업은 활발한 수출을 통해 세계 시장에서 입지를 다져나갔다.

한강의 기적이라 불리는 한국의 고도 압축 성장은 분명 괄목할 만한 성과였다. 한강의 기적은 국가 주도 산업화 추진, 대기업의 약진, 높은 교육열 및 국민의 헌신이 뒷받침된 결과인데, 특히나 기업의 활약이 두드러졌다. 경영학의 대가 피터 드러커*Peter Drucker*는 그의 저서《넥스트 소사이어티》에서 기업가 정신이 가장 높은 나라로 한국을 치켜세울 정도였다. 이 당시 한국 기업이 취한 전략은 '패스트 팔로워'인데 이미 시장을 선점한 1등 기업의 제품을 모방해 비슷한 제품을 내놓고 이들을 맹렬히 추격하는 것이다. 이것은 당시 별다른 핵심 기술이나 자원 및 브랜드가 없었던 한국 기업이 성장을 위해 취해야 했던 합당하고도 유일한 조치였다. 한국 기업이 빠르게 생산성을 높이기 위해 짜낼 수 있는 유일한 자원은 사람들의 시간이었기에, 이는 만성적 초과근무 및 열악한 노동 생산성을 낳았고 한국적 바쁨의 주요한 원인이 됐다.

한강의 기적을 이끈 원동력,
이제는 성장의 걸림돌

바쁨을 엔진으로 삼은 한국의 패스트 팔로워 전략은 20세기까지 상당히 유효했다. 정부의 중화학공업 육성 정책 지원을 등에 업은 대기업은 야금야금 세계 시장에서 영토를 넓혀나갔다. 반도체, 자동차, 조선, 철강, 화학 등의 산업에서 굴지의 대기업이 출현했고 일부는 추격자 신세에서 세계 시장을 선도하는 선도자로 그 지위가 격상돼 한국 제품이 세계에서도 통하는 것을 증명했다.

이때는 대기업의 성공이 곧 한국의 부흥이자 중소기업의 발전 및 고용 창출로 이어질 것이라는 낙관론이 우세

했다. 대기업과 중소기업 간 격차가 극심히 벌어졌지만 대기업 성장의 과실이 중소기업으로 흘러 선순환을 이룰 것이라는 '낙수효과 이론'이 전폭적 지지를 받으며 불균형 성장을 정당화했다. 교육 또한 창의력을 기르기보다는 암기 위주로 정답을 가르치며 '회사형 인재'를 길러냈고 학생들에게 도전적인 기업가 정신보다는 순종과 안정을 장려했다.

그러나 이러한 방식의 성장은 이제 구조적 한계에 봉착했다. 협소한 내수 시장은 이미 포화 상태고 세계 경기가 저성장의 늪에 빠지면서 수출 여건이 악화됐다. 게다가 지난날 한국의 고성장 비결이었던 패스트 팔로워 전략을 중국이 도입하고 저가 물량 공세를 펼치기 시작하면서 한국 기업의 수출 경쟁력은 약화됐다. 그 결과 한강의 기적을 이끌었던 굴뚝산업의 상당수는 이미 경쟁에서 밀려 도태됐거나 서서히 내리막길을 걷고 있다. 게다가 한국경제연구원, 세계경제포럼 등 공신력 있는 여러 연구기관의 평가에 의하면 인공지능, 드론, 신재생 에너지, 로봇, 블록체인 등 미래 산업에 대한 한국의 경쟁력은 다른 국가에 비해 현격히 떨어지는 수준이다. 즉, 한국 기업은 과거의 성공에 안주했고 새로운 미래 먹거리 발굴에 실패했으며 중국의 약진으로 인해 주력 산업이 뿌리째 흔들리고 있다.

무엇이 잘못된 것일까. 번영을 향해 고속 질주하던 한국은 어쩌다 이렇게 됐을까. 어느 시대에나 요구되는 역량이 있는 법이다. 한강의 기적을 달성한 시대에 요구되는 것은 바쁨이었다. 쉬지 않고 24시간 공장을 돌리고 남들이 내놓은 제품을 빠르게 모방해 성과를 내기 위해서 바쁨의 강화는 필연적이었다. 이 시기에 한국의 물질적 풍요와 바쁨의 수준은 정비례했고 바쁨은 만족을 모른 채 한국인들의 시간을 거침없이 먹어치웠다. 생산성을 높이기 위한 바쁨의 증폭은 합리적이고 효율적인 방식이었다.

하지만 지난 반세기 동안 한국이 고속 성장을 할 수 있도록 원동력이 되어준 바쁨은 오히려 미래에 걸림돌이 될 예정이다. 바쁨을 강요하던 저부가 노동집약 산업의 시대는 저물고 고부가 기술집약 산업 및 참신한 아이디어가 각광받는 새 시대가 도래했다. 이러한 새 시대에 요구될 혁신이나 창의성 등의 역량은 결코 바쁨을 강제하는 환경에서 키워지지 않는다. 본래 창조적 파괴는 바쁨의 지배에서 벗어난 여유로운 환경에서 생겨난 우연한 발명이나 발견에서 비롯되는 법이다. 한국이 '바쁨은 옳다'는 구시대적 생각을 버리지 않고 산업화 시대의 유산을 내려놓지 못한다면 대량 실업 및 극심한 바쁨의 양극화라는 피할 수 없는 참극을 맞이할 것이다. 제2의 한강의 기적이냐, 한강의 몰락이냐. 한국은 지금 기로에 서 있다.

5

야망 없이
살자는
야망

우리는 반드시 무엇이 되어야 하는가?
사회가 정한 획일적 기준이나 주입된 야망에서 벗어나
자신만의 속도로 인생을 살 수는 없는 것일까?

빈민가의 계관시인, 열정적인 미치광이로 불리는 작가 찰스 부코스키*Charles Bukowski*. 그는 거의 평생을 잡역부, 집배원, 경마꾼 등으로 일하고 술과 노름을 즐기며 밑바닥 생활을 전전했다. 특유의 솔직하고 거침없는 필체로 대중의 사랑을 받았던 그가 작가로 주목받은 것은 쉰에 가까운 나이가 됐을 때였다. 여타의 유명 문인과 달리 방탕한 하류층 노동자의 삶을 살았던 부코스키는 묘비명도 그의 굴곡진 삶만큼이나 독특하다. 그것은 바로 'Don't try(애쓰지 마)'다.

　한편, 가족과 사이가 좋지 않았던 그는 〈야망 없이 살자는 야망*My non-ambitious ambition*〉이라는 시에서 아버지를 신랄하게 비판한다. 시에 등장하는 아버지는 저녁 식탁 앞에서 아들에게 '일찍 일어나는 새가 벌레를 잡는다'는 등 귀에 와 닿지 않는 연설을 꺼내놓는데, 그의 아버지가 아메리칸 드림을 꿈꾸는 근면 성실한 사람의 전형으로 묘사되는 것을 알 수 있다. 이는 현재 한국 기성세대의 모습과 비슷하다. 찰스 부코스키는 애초에 모범이나 도덕과는 거리가 먼 탕아였고, 아들로부터 순종적인 역할을 기대하던 아버지와 충돌이 잦았다고 한다. 그가 자신의 게으름을 힐난하는 아버지를 지독히 증오하고 이에 격렬히 반항한 것은 다음의 시구에 잘 드러나 있다. '그러자 나는 이런 생각을 했다. 게으른 놈팽이가 되는 게 이 개새끼와 정반대의 사람이 되는 것이라면, 앞으로 꼭 그렇게 돼야겠다고. *and I thought, if being a bum is to be the opposite of what this son-of-a-bitch is, then that's what I'm going to be.*'

'야망 없이 살자는 야망.' 지금 한국인에게 필요한 것은 이와 같은 적극적 내려놓음이다. '하면 된다'는 긍정의 과잉 속 팽배한 물질주의와 집단주의로 인해 한국인은 바쁘게 달리는 경주마 신세에서 벗어나기 어렵다. 획일적인 사회적 잣대와 만족을 모르는 성과주의로 인해 한국인은 요람에서 무덤까지 사력을 다해 경주에 임해야 한다. 아이 어른 할 것 없이 모두가 성공이라는 신기루를 위해 야망을 품고 분주히 살 것을 주입받는다. '한국인이여, 야망을 가져라! 바쁘게 살아라!'

문제는 이러한 야망이 남들과 비교하기를 좋아하는 한국에서는 결코 실현되기 어렵다는 점이다. 한국에서 일반적인 성공의 정의는 출세 및 물질적 성취를 의미하는데, 이러한 형태의 성공이 주는 일시적 만족감은 대개 타인과의 비교에서 오는 우월감이다. 가령 남들보다 얼마나 버는지, 얼마나 높은 지위인지, 얼마나 땅값이 비싼 동네에 사는지 등 따위를 성공의 기준으로 여기고 자신이 소유한 것을 타인과 끊임없이 비교하는 천박한 풍토가 한국 사회에 만연하다. 한국개발연구원에서 내놓은 보고서 〈비교성향의 명암과 시사점〉에 따르면 비교성향이 강한 한국인은 다음과 같은 특징을 지니는데, 이것은 모두 우리의 삶을 가속화하고 불행에 빠뜨리는 원인이다.

· 비교성향은 물질주의 및 목표 지상주의 가치관과 관련이 있다.
· 비교성향이 강할수록 집단추종, 극대주의, 이기주의의 성향이 강하다.
· 비교성향이 강할수록 경제적 성과와 소비성향이 높다.
· 비교성향이 강할수록 정신건강과 행복감 및 삶의 만족도가 낮다.
· 비교성향이 강할수록 주로 상대적 박탈감 증대를 불행의 원인으로 지목할 확률이 높다.

이러한 비교성향은 '개천의 용' 신화를 대하는 한국인의 인식에서도 드러난다. 개천에는 용도 있지만 피라미,

붕어, 개구리, 미꾸라지 등 다양한 생명체가 살고 있다. 이들이 상생하며 조화를 이루고 살아가는 것이 자연이다. 하지만 한국 사회는 용을 성공, 승자로 규정하고 나머지를 싸잡아 실패, 패자로 치부함으로써 용이 되지 못한 다수에게 좌절감을 느끼게 한다. 게다가 무너져버린 계층 이동 사다리 및 '수저론'이 사회적 공감을 얻고 있는 마당에 여전히 과거 고도성장기를 향수하는 기성세대는 아이들에게 용이 될 것을 주문한다. 이는 비정상적인 사교육 열풍 및 생산 강박증 등의 부작용으로 이어진다. 우리는 스스로 아름다운 개천을 죽음의 전쟁터로 만들고 있는 셈이다.

한편 '이스털린의 역설*Easterlin paradox*'은 한국에 시사하는 바가 많다. 미국의 경제학자 리처드 이스털린*Richard Easterlin*의 연구에 따르면, 기본적인 소득 수준을 충족한 이후부터는 소득 증가가 행복에 큰 영향을 미치지 않는다. 한국은 지난 반세기 동안 소득이 크게 증가했지만 삶의 질은 그다지 나아지지 않았다. 이를 뒷받침하는 근거로 OECD가 매년 발표하는 '더 나은 삶 지수*Better Life Index*'에서 한국은 항상 하위권을 차지하는데 그마저 최근 들어 하향 추세를 보이고 있다. 예를 들어 2017년 조사에서 한국은 38개국 중 29위를 차지했는데, 특히 삶의 만족, 일과 삶의 균형, 공동체 등의 항목에서 현격히 낮은 점수를 기록했다. 이 결과를 보면 미래 한국이 국민소득 4만 달러, 5만 달러를 달성한들 개인이 누릴 삶의 질은 전혀 개선되지 않을 것임이 자명하다. 오히려 미래의 한국인은 더욱 빠르게 돌아가는 바쁨의 분쇄기에 시간을 갈아 넣고 생을 고갈시키며 더 큰 우울감에 시달릴 확률이 높다.

창조적 파괴를 위해
버려야 할 것

이러한 한국의 고질적 문제를 없애기 위해서는 가치관

의 변화 및 제도적 개선이 필요하다. 이를 위해서는 바쁨의 파괴가 수반돼야 한다. 물론 한국이 단숨에 변하리라 기대하지 않는다. '소유냐 존재냐'의 기로에서 물질에 길들여진 다수의 한국인은 소유를 택한 채 바쁨에 삶을 소진하는 방식을 택할 것이다. 게다가 사회 안전망을 확충하기 위한 정치권의 개혁도 안보나 경제 성장의 중요도에 밀려 지지부진한 상태에 머물러 있을 확률이 높다. 다만, 젊은 세대를 중심으로 물질주의 가치관에 피로감을 느끼고 기성세대의 논리를 거부하는 움직임은 한국 사회가 서서히 변할 수 있다는 가능성을 보여준다.

혹자는 나라 안팎으로 위기인 마당에 느긋하게 여유 부리고 있을 틈이 어디 있냐고 반박할 수 있다. 하지만 건국 이후 한국이 위기 아니었던 적이 있는가. 바쁨의 지배를 받아들인 결과 우리의 삶은 얼마나 피폐해졌는가. 오히려 바쁨의 파괴는 성과주의자들이 그토록 집착하는 성장에도 긍정적이다. 가령, 대런 애쓰모글루*Daron Acemoglu*

와 제임스 로빈슨_James Robinson_의 저서《국가는 왜 실패하는가》는 국가의 성패가 제도의 착취성 및 창조적 파괴의 유무에 달렸다고 말한다. 즉, 사람들을 착취하고 변화를 두려워하는 국가는 필멸하고 포용적 제도하에 혁신을 장려하는 국가만 성공한다는 것이다.

　이는 바쁨과 밀접한 연관이 있다. 지난 반세기 동안 한국이 그랬던 것처럼 노동자의 시간을 착취하고 혁신 없이 남의 것을 모방하며 바쁨을 성장의 동력으로 삼던 시대는 끝났다. 이제는 창조적 파괴가 필요한데, 이는 단기 성과만을 요하고 창의성을 저해하는 바쁨 사회에서는 결코 실현될 수 없다. 환골탈태가 절실하다. 한국은 그동안 경제발전을 이끌었던 바쁨과 구시대적 근면성을 온전히 버린 뒤에야 한 단계 도약할 수 있을 것이다.

　마지막으로 한국 사회에 진정으로 바라는 점은 개인이 각자의 리듬에 맞춰 삶을 살도록 내버려두는 것이다. 우리는 반드시 '무엇'이 되어야 하는가? 사회가 정한 획일적

기준이나 주입된 야망에서 벗어나 자신만의 속도로 인생
을 살 수는 없는 것일까? 한국 사회에서 '야망 없이 살자
는 야망'의 취지가 공감을 얻고 확산되기를 바란다. 이것
만이 인간다운 삶, 수준 높은 삶의 질을 향유하는 사회로
나아가는 방향일 것이다.

에필로그

다시,
원시인의 시간으로

시간에 대해 교훈을 주는 영화가 있다. 바로 〈어바웃 타임〉이다. 이 영화의 주인공 팀은 아버지로부터 놀라운 이야기를 듣는다. 바로 자신이 시간을 되돌릴 수 있는 특별한 능력이 있다는 것. 이것은 집안 대대로 내려오는 능력이며, 팀은 자유자재로 과거 시간 여행을 할 수 있다. 팀은 현실에서 원하는 결과를 얻기 위해 과거로 돌아가는 모험을 하지만, 과거의 작은 변수에 의해 예기치 못한 상황이 초래됨을 목격하고 시간 여행의 남용을 자제한다.

한편 팀의 아버지는 팀에게 행복에 대한 비밀을 알고

싶다면 하루를 똑같이 다시 살아보라는 조언을 하고 숨을 거둔다. 무미건조한 일상을 보내던 팀. 직장에서 상사에게 깨지고, 편의점에서 바쁘게 끼니를 때우고, 지하철 옆자리에서 시끄럽게 음악을 듣는 남자 때문에 신경이 곤두선 채로 퇴근을 한다. 그러다 문득 팀은 아버지의 조언을 떠올리고 다시 하루를 살아보기로 결심했다. 하루를 다시 보내며 팀은 자신이 무심코 지나쳤던 소소한 일상의 즐거움을 발견한다. 직장에서 여유롭게 농담을 건네고, 편의점 직원을 친절히 대하고, 지하철 옆자리 남자의 시끄러운 음악 소리에 리듬을 탄다.

팀은 똑같이 바쁜 일상을 살았지만, 첫 번째 하루와 두 번째 하루에서 전혀 다른 행복감 및 만족도를 느낀 이유는 무엇일까. 그것은 팀의 삶이 바쁨의 지배를 당했는지 여부와 관련 있다. 첫 번째 하루에서 팀은 바쁨에 치여 어떠한 삶의 향기도 맡지 못한 채 시간의 터널에 내던져진다. 이런 삶에서 '나'라는 존재는 소멸하고 바쁨이 지나간 공허함만 남을 뿐이다. 반면 두 번째 하루에서 팀은 바쁜 일상 속 소소하지만 보석 같은 순간들을 포착하고 행복을 느낀다. 팀은 순간을 온전히 만끽하고 삶의 충만함을 느낀다. 이런 삶을 사는 주체는 바쁨의 지배로 인한 자가 소멸을 용인하지 않는다. 오히려 바쁨의 기어를 조절하고, 삶을 주도적으로 통제한다.

영화 〈어바웃 타임〉은 분명 우리에게 시사하는 바가 있다. 마치 팀의 첫 번째 하루처럼 많은 현대인은 바쁨의 사역 때문에 향기 없는 삶을 살며 자기 자신을 시간의 터널에 내던진 채 자가 소멸하고 있다. 불과 몇 세기에 걸친 훈육을 통해 형성된 미래에 대한 현대인의 시간관은 더 많은 현재의 희생을 요구하며 삶을 점점 가속화 시킨다. 바쁘게 사는 이유가 무엇인가. 더 잘 살고 싶어서, 행복하고 싶어서, 삶의 만족감을 얻기 위해서와 같은 이유가 아

닌가. 그런데 바쁨의 주체가 불행하다면, 고통스러운 바
쁨의 굴레에서 벗어나고 싶다면, 삶의 만족감이 떨어진
다면 대체 바쁜 것이 무슨 소용이란 말인가. 내가 나의 삶
을 사는 것인지, 바쁨에 치여 '살아지고' 있는 것인지 분간
이 되지 않는다면 그것이 인간의 삶이라 할 수 있겠는가.

　지난 몇 세기 동안, 인류는 시간의 초점을 과도하게 미
래에 맞추며 전진했다. 미래를 위해 더 생산적이고 빠르
게 움직이며 우리는 점차 바쁨의 출력을 극대화했다. 바
쁨의 기어가 맹렬히 돌아가는 사이 우리는 기계처럼 변
해가는 자신과 '너무 바빠서 상실한 것들'을 감당해야 했
다. 과연 우리에게 절대적인 시간이 부족해서 바쁨이 심
화됐는가? 아니다. 겨울이 오면 봄이 왔고, 낮에는 해가
뜨고 밤에는 달이 떴다. 1년 365일 하루 24시간, 우리에게
주어진 시간은 일정했다. 다만, 우리의 정신이 바쁨에 강
박적인 상태로 개조되었을 뿐.

지금 우리에게 필요한 것은 원시인의 시간이다. 글의 서두에서 밝혔듯, 원시인의 시간은 만성적인 바쁨이 존재하지 않는 여백의 시간이요, 원형의 시간이다. 원시인의 시간관은 현재에 맞춰져 있으며, 이들은 매일 새로운 아침을 맞고 미래에 대한 초조함으로 현재의 순간을 희생하지 않는다. 〈어바웃 타임〉의 팀이 두 번째 하루에서 여유를 가지고 소소한 일상의 소중함을 느꼈던 것처럼, 이들은 순간을 만끽하는 영원한 현재를 산다. 우리는 잃고 있는 인간성을 회복하기 위해 원시인의 시간으로 회귀해야 한다. 미래에 치우쳐진 시간의 초점을 조금씩 현재로 돌려야 한다.

물론 현실의 불안과 미래에 대한 걱정으로 시간관을 바꾸는 것이 쉬운 일이 아님을 알고 있다. 하지만《나는 왜 시간에 쫓기는가》는 시간관은 타고나는 것이 아니라 습득되는 것이고, 훈련에 의해 더욱 바람직한 방향으로 조절할 수 있다고 말한다. 나의 경험에 비추어보면, 이것은 참이다. 나는 한때 지독히도 미래지향적인 인간이었고, 바쁘게 사는 것을 미래에 대한 투자이자 최고의 덕목으로 여겼다. 하지만 나는 내가 바쁨으로 잃고 있는 것과 더불어 현재의 소중함에 대해 인식하기 시작했다. 그 결과, 의식적으로 나쁜 바쁨을 걷어내고 현재에 충실하기 위해 노력했고, 지금은 균형 잡힌 시간관을 가지게 됐다고 자부한다.

시간관의 조절에 대한 한 가지 팁이 있다면, 생애주기에 대한 생각을 달리해보는 것이다. 가령 우리는 보통 인생이 무척 길 것이라 생각한다. 그래서 미래의 생존에 대한 믿음은 불안과 바쁨의 원천이 된다. 하지만 만약 삶이 유한하다면? 일주일 후 불치병에 걸린다면? 이상기후로 지구가 멸망한다면? 바쁘게 살다보니 어느새 백발의 노인이 됐다면? 이런 삶의 유한함을 인식하는 순간, 시간관의 초점은 살아 있는 현재에 맞춰지며 나쁜 바쁨은 설 자리가 없어진다. 한 번 사는 인생이고 언제 죽을지 모른다는 아주 평범한 사실을 자각한다면, 누구나 바쁨에 치여 자신을 잃는 것이 얼마나 해롭고 무의미한 것인지 깨달을 것이다. 한동안 유행했던 YOLO*You only live once*는 이런 가치관을 잘 나타낸다.

나는 우리가 바쁨의 격에 떠밀려 획일적으로 '살아지는 것'이 아닌, 각자의 시차에서 자신만의 방식으로 현재를 살기를 진심으로 바란다. 아침의 태동을, 오후의 나른함을, 저녁노을이 선사하는 황홀함을 온전히 느끼길 바란다. 가끔 멍하니 창밖을 바라볼 여유를, 밤하늘의 별을 세어볼 여유를, 사랑하는 사람과 따뜻한 밥 한 끼 함께할 여유를, 오래된 친구에게 이따금 안부를 묻는 여유를, 아이의 천진함에 미소를 보낼 여유를 가지길 바란다. 부디 미래만 바라보고 달리느라 다시는 돌아오지 않을 소중한

현재를 가벼이 지나치지 않기를 바란다. 마지막으로 톨
스토이의 어록으로 글을 마무리한다.

　"인간은 오로지 현재의 순간을 살고 있으며, 그 밖의
삶은 지나간 과거이거나 아직 오지 않은 미래임을 잊어
서는 안 된다. 짧은 생을 사는 인간이 머물고 있는 곳은,
단지 지구상의 한 구석일 뿐이다."

참고 문헌

———

《타임 푸어》, 브리짓 슐트 저, 안진이 역, 더퀘스트, 2015.6.

《지루하고도 유쾌한 시간의 철학》, 뤼디거 자프란스키 지, 김희상 역, 은행나무, 2016.12.

《게으름에 대한 찬양》, 버트런드 러셀 저, 송은경 역, 사회평론, 2005.4.

《게으를 권리》, 폴 라파르그 저, 차영준 역, 필맥, 2009.4.

《피로사회》, 한병철 저, 김태환 역, 문학과지성사, 2012.3.

《나는 왜 시간에 쫓기는가》, 필립 짐바르도·존 보이드 저, 오정아 역, 프런티어, 2016.2.

《호모 루덴스》, 요한 하위징아 저, 이종인 역, 연암서가, 2010.3.

《국가는 왜 실패하는가》, 대런 애쓰모글루·제임스 A. 로빈슨 저, 최완규 역, 시공사, 2012.9.

《사피엔스》, 유발 하라리 저, 조현욱 역, 김영사, 2015.11.

《소비의 사회》, 장 보드리야르 저, 이상률 역, 문예출판사, 1992.1.

《늦어서 고마워》, 토머스 L. 프리드먼 저, 장경덕 역, 21세기북스, 2017.7.

《사다리 걷어차기》, 장하준 저, 형성백 역, 부키, 2004.5.

《그림자 노동의 역습》, 크레이그 램버트 저, 이현주 역, 민음사, 2016.10.

《생각하지 않는 사람들》, 니콜라스 카 저, 최지향 역, 청림출판, 2011.2.

《뇌의 배신》, 앤드류 스마트 저, 윤태경 역, 미디어윌, 2014.7.

《수면 혁명》, 아리아나 허핑턴 저, 정준희 역, 민음사, 2016.9.

사실, 바쁘게 산다고 해결되진 않아

초판 1쇄 발행 · 2018년 7월 15일

지은이 · 한중섭
펴낸이 · 김동하
책임편집 · 양현경

펴낸곳 · 책들의정원
출판신고 · 2015년 1월 14일 제2015-000001호
주소 · (03955) 서울시 마포구 방울내로9안길 32, 2층(망원동)
문의 · (070) 7853-8600
팩스 · (02) 6020-8601
이메일 · books-garden1@naver.com
블로그 · books-garden1.blog.me

ISBN 979-11-87604-66-2 (03300)

· 이 도서의 국립중앙도서관 출판예정도서목록(CIP)은 서지정보유통지원시스템 홈페이지
(http://seoji.nl.go.kr)와 국가자료공동목록시스템(http://www.nl.go.kr/kolisnet)에서 이용하
실 수 있습니다. (CIP제어번호 : CIP2018018970)